초딩 인생 처음
과학동화 Imagine That!

상상하며 배우는 과학 이야기

의미와
재미

TTechnical charts by Joe LeMonnier
Photo credits: Shutterstock, Inc

초딩 인생 처음
과학동화

상상하며 배우는 과학 이야기
Imagine That!

Anna Prokos 지음

Jamie Meckel Tablason, Elena Selivanova,
Gideon Kendall, Dave Clegg 그림

박세훈 감수 | 박선영 옮김

미국 Red Chair Press
『Imagine That!』 시리즈 공식 번역판

CONTENTS
목차

 이 책은 『Imagine That!』 시리즈의 한국어판 1권입니다.

Purple
Dragonfly
Book Awards
2017

『Ice Queen: Exploring Icebergs and Glaciers』는 2017년 Purple Dragonfly Book Awards에서 어린이 논픽션 부문 1위를 수상했습니다. 이 상은 어린이 도서 분야에서 창의성과 교육적 가치를 인정받은 작품에 수여되는 권위 있는 상으로, 이 책에서는 특히 섬세하고 생생한 일러스트레이션이 높은 평가를 받았습니다.

Lexile 740L

눈과 얼음으로 뒤덮인 남극, 지구에서 가장 차가운 곳은 어떤 모습일까요? 누구보다 먼저 그 땅을 밟은 사람들의 이야기를 통해, 남극 탐험의 놀라운 역사를 만나 보세요.

Lexile 650L

지구 안에서 들끓는 마그마는 어떻게 분출될까요? 화산의 구조부터 불의 고리까지, 지구의 뜨거운 힘을 생생하게 느껴 보세요.

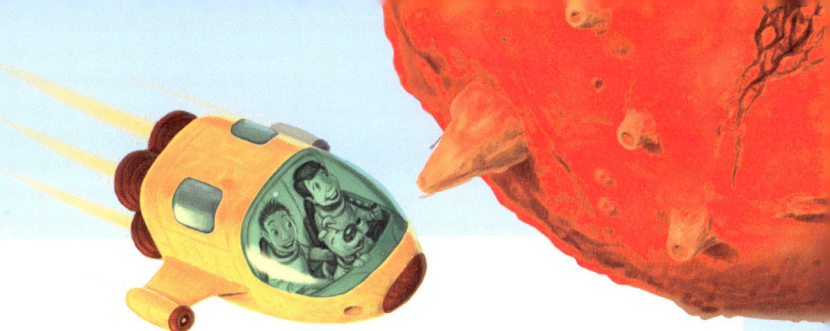

과학 지식과 영어 실력을 동시에

『Imagine That!』은 미국 Red Chair Press에서 출간된 어린이 과학 시리즈로, 전 세계 아이들의 호기심과 상상력을 키워주는 특별한 책입니다. 『초딩 인생 처음 과학동화』로 태어난 한국어판에서는 앞쪽에는 한글 번역, 뒷쪽에는 영어 원문을 함께 수록하여, 과학을 재미있게 배우는 동시에 영어 독해력까지 함께 키울 수 있도록 구성하였습니다.

✔ 생생한 사진과 그림, 흥미로운 과학 이야기
✔ 한글+영어 이중 구성
✔ QR코드로 듣는 원어민 오디오
✔ Lexile 지수로 맞춤 영어 독서
✔ 초등 과학 교과와 연계된 주제

한국어판 1권에는 시리즈 중에서도 **초등학생 친구들이 특히 좋아하는 네 가지 주제를 엄선**해 담았습니다.

빙하
Ice Queen

공룡
No Bones About It

화산
Don't Blow Your Top

우주
Star Light, Star Bright

네 개의 스토리는 이야기 흐름 속에서 상상력 → 탐구 → 지식으로 연결되어 읽다보면 '공부'가 아닌 '발견'이 되도록 돕고 있습니다.

STEP 1.
상상력을 자극하는 이야기

공룡 화석을 발견한 어린이, 불을 뿜는 화산, 밤하늘의 별, 얼음으로 뒤덮인 남극…. 어린이 눈높이에 꼭 맞춘 흥미진진한 과학 동화가 펼쳐져요.

STEP 2.
과학적 팩트 체크

동화 속 이야기를 실제 과학 개념과 연결해 주는 정보 코너예요. 이야기 도중에는 'it's fact'를 통해, 이야기가 끝나면 '팩트 파일'을 통해 과학적 지식을 알려줍니다. "왜 그런 현상이 일어날까?", "실제로도 그럴까?"라는 궁금증에 답해 줍니다.

STEP 3.
알아야 할 과학용어 정리

어려운 과학 용어를 어린이 눈높이로 쉽게 설명하고, 영어 어휘까지 익힐 수 있게 도와줍니다.

또한, 각 이야기에는 Lexile 지수가 표기되어 있으며, QR 코드를 통해 원어민 성우의 오디오 음성도 들을 수 있습니다. 눈으로 읽고, 귀로 듣고, 마음으로 이해하는 다채로운 과학 학습이 한 권의 책 안에서 마법처럼 펼쳐진답니다!

『초딩 인생 처음 과학동화』는 우리 친구들에게 과학적 사고력, 영어 자신감, 상상력이라는 세 가지 선물을 전해줄 거예요. 과학을 좋아하는 친구는 물론, 과학이 낯선 친구에게도 '과학은 재미있고 신기한 것!'이라는 인상을 심어 주는 특별한 첫걸음이 될 것입니다.
자 이제, 읽고 듣고 상상하는 과학 여행을 함께 떠나볼까요?

이렇게 활용해 보세요

부모님께

"과학과 영어, 두 마리 토끼를 잡는 똑똑한 선택!"

아이가 좋아하는 공룡, 우주, 화산, 남극 이야기를 한글과 영어로 함께 읽으며 자연스럽게 과학 지식과 영어 실력을 함께 키워보세요. QR코드를 찍으면 원어민 성우가 직접 들려주는 생생한 오디오까지 들을 수 있습니다! 흥미진진한 스토리에 빠져 아이 스스로 찾아 읽게 되는 책,『초딩 인생 처음 과학동화』로 아이의 지식+언어 세계를 넓혀주세요.

선생님께

"교과 연계부터 영어 독해까지, 한 권으로 수업이 살아납니다!"

『Imagine That!』시리즈는 과학 교과 주제와 밀접하게 연관된 내용을 쉽고 재미있게 풀어낸 이중언어 과학 도서입니다. 한글과 영어가 함께 수록되어 교과 확장 활동이나 융합수업, 독서 수업 자료로 활용하기에 적합하며, QR코드를 통한 원어민 오디오 제공은 듣기 평가 대비나 영어 발음 교육에도 효과적입니다. 수업 시간에 과학과 영어를 함께 배우는 새로운 방식, 지금 만나보세요!

초등학교 교과서와 연계

『초딩 인생 처음 과학동화』는 초등 과학 교과서에서 다루는 핵심 주제를 바탕으로 구성되어 있어, 수업 전후 확장 활동, 배경 지식 보강, 영어 통합 수업 자료로 활용하기에 적합합니다. 특히 각 주제는 빙하와 날씨(4~5학년), 공룡 화석(5학년), 화산(4~5학년), 우주(4~6학년) 등 교과서와 직접 연결되는 내용으로, 실제 사례와 흥미로운 이야기를 통해 과학 개념을 자연스럽게 이해할 수 있도록 돕습니다.

	과학 교과 연계	연계 포인트
빙하와 남극 Ice Queen	4학년 1학기 〈물의 상태 변화〉 5학년 2학기 〈날씨와 우리 생활〉	빙하의 형성과 이동, 남극의 기후와 생태, 얼음의 물리적 특성. → 지리·기후와 융합된 과학 개념을 시각적으로 제공.
공룡 화석 No Bones About It	5학년 1학기 〈지층과 화석〉	공룡 화석의 발견, 화석의 정의, 생성 조건, 고생물학자들의 연구 과정. → 교과서의 지식 내용을 현장 탐사 이야기로 풀어내어 학습 동기 유발.
화산 Don't Blow Your Top	4학년 1학기 〈땅의 변화〉 5학년 1학기 〈지층과 화석〉	화산의 구조, 마그마의 분출, 지층 형성과 같은 지구 내부 에너지 관련 내용을 실감나는 그림과 함께 소개. → 교과서에서는 단순히 도식화된 개념으로만 다루는 내용을, 이야기 형식과 실제 사례로 풍부하게 설명.
우주 Star Light, Star Bright	4학년 2학기 〈밤하늘 관찰〉 6학년 1학기 〈지구의 운동〉	별, 행성, 혜성, 유성, 은하수와 같은 천체에 대한 이해. → 추상적인 개념을 친숙한 상황 (밤하늘, 별똥별 관찰)으로 접근.

얼음 여왕,
남극의 비밀을 풀다

Jamie Meckel Tablason 그림

지구에서 가장 추운 곳이 어디일지 상상해 본 적 있나요?

그곳은 바로 남극이에요! 지구 맨 아래쪽에 있는, 아주 넓고 얼음으로 뒤덮인 땅이죠.

그곳은 1895년 이전까지 사람의 발길조차 닿지 않았어요. 처음 남극 땅을 밟은 헨리크 불은 고래잡이 배를 타고 남극에 도착했어요. 그 뒤 1935년, 첫 번째 여성이 남극에 도착했죠. 그녀의 이름은 캐서린 미켈슨, 노르웨이 고래잡이 배 선장의 아내였어요.

그리고 1911년, 남극의 한가운데에 있는 남극점에는 노르웨이의 탐험가 로알 아문센이 처음 도착했답니다!

이제 책장을 넘기고, 상상 속 얼음 나라로 떠나볼까요?

짤랑! 짤그랑! 쨍그랑!
차가운 얼음 조각들이 컵 안으로 떨어졌어요.
하나씩 차곡차곡 쌓이는가 싶더니, 순식간에 컵이 얼음으로
가득 차버렸어요.

12

"노라, 조심해! 주스가 꽁꽁 얼어버리겠어. 얼음은 그 정도면 충분해."

"얼음은 아무리 많아도 좋아요, 아빠!"
차가운 걸 좋아하는 노라가 활짝 웃으며 말했어요.
차가운 물, 차가운 날씨, 심지어 차가운 피자까지! 노라는 차가운 걸
정말 좋아하거든요.

"아빠, 나는 얼음 성에서 살고 싶어요.
그곳에서 아침엔 눈꽃 빙수를 먹고,
저녁엔 아이스크림을 먹고 싶어요!"

"우리 노라는 정말 상상력이 풍부하구나."
아빠의 말처럼, 노라는 얼음 조각들을 바라보며
얼음으로 된 집을 상상했어요.
"난 얼음덩어리로 성을 만들 거야!"

그때 갑자기, 발끝부터 차가운 기운이 훅! 하고 올라왔어요.
노라의 상상도 순식간에 **멈추고…**.

"으으으… 춥다!"
이가 딱딱 부딪힐 정도로 정말 추웠어요.
주위를 둘러보니 온통 얼음과 눈으로 덮인 겨울 왕국이었죠.
"여긴 세상에서 가장 추운 남극이 틀림없어!"

It's A Fact

남극연구소에 따르면,
남극의 기온은 최저 -90℃까지
내려간 기록이 있다고 합니다.

노라는 몸을 부르르 떨었어요.
초초초강력 추위에 비해
노라가 입고 있는 옷은 너무 얇았거든요.
그래도 괜찮아요. 노라는 얼음을 좋아하니까요!

주변을 둘러보니, 뾰족뾰족 높은 산들이 온통 눈으로 덮여 있었어요.
거대한 얼음 덩어리들은 기이한 모양을 하고 있었죠.
얼음 동굴과 두껍게 쌓인 눈 언덕도 보였어요.
자세히 보니 눈 덮인 빙하 위에는 물결 같은 자국도 있었어요.

어떤 얼음과 눈은 푸른빛을 내고 있어요.
"얼음이 마치 스스로 빛을 내는 것 같아!"
노라는 감탄했어요. 이렇게 멋진 장면은 처음이었거든요!

IT'S A FACT

지표면의 따뜻한 공기가
빙하를 녹여 웅덩이를 만들고,
이 웅덩이가 빙하 사이의 틈을
넓히기도 합니다.

쾅! 쾅! 쨍그랑! 첨벙!
시끄러운 소리에 깜짝 놀란 노라는 소리가 나는 쪽으로 걸어가 봤어요.
발밑에서는 얼음이 바스러지는 소리가 들렸어요.

얼음 바닥에는 깊은 틈이 많았어요.

어떤 틈은 작았지만, 어떤 것은 아주 컸죠.

그 틈 사이로 차가운 물이 흐르고 있었어요.

노라는 물에 빠지지 않으려고 *조심조심*, 틈 사이를 뛰어넘었어요.

21

그때 또 다른 이상한 소리가 들려왔어요.
이번에는 아주 길고 낮은 신음 소리였어요.

"저게 뭐지?"

호기심이 가득한 노라는 소리가 나는 쪽으로 다가갔어요.

흰 눈 속에 파묻힌 검은 얼룩들이 보였어요.

"근처 산에서 굴러 떨어진 돌멩이들일까?"

천천히 관찰하며 다가갔을 때, 노라의 눈앞에

예상치 못한 광경이 펼쳐졌어요!

그 검은 얼룩들은 바로 펭귄이었어요!
수백 마리의 펭귄이 얼음 가장자리에서 뒤뚱뒤뚱 걷고 있었어요.

삐악삐악 소리를 내며 몸을 부르르 떨기도 하고, 서로 껴안기도 하면서요.
어떤 펭귄은 물속으로 미끄러지듯 들어갔고, 그중 한 마리는 바다 속에서
높이 **점프**해 바로 얼음 위로 올라오지 뭐예요!

IT'S A FACT

펭귄은 빙하 아래로 들어가
먹이를 찾습니다.
빙하가 녹은 민물에 물고기와
크릴이 모여들기 때문이에요.

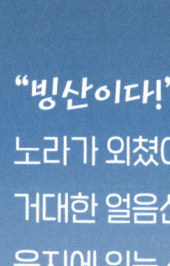

"빙산이다!"

노라가 외쳤어요.

거대한 얼음산이 차가운 바다 위에 떠 있었어요.

육지에 있는 산보다 훨씬 높아 보였죠.

펭귄들은 그 차가운 집에서 행복해 보였어요.

IT'S A FACT

빙산은 해류를 따라
움직이다가 육지나 얕은
바다에 부딪히기도 합니다.

'저 거대한 빙산은 아름다운 성처럼 생겼네!'
노라는 반짝이는 얼음을 바라보며 생각했어요.
그리고 자신의 아름다운 얼음성을 상상했어요.
높고, 멋지고, 고드름이 주렁주렁 달린!

또다시 **으르렁**거리는 소리가 들려왔어요.

"뭐지? 북극곰은 아니겠지?" 노라가 혼잣말로 중얼거렸어요.

"북극곰은 북극에만 살잖아. 남극에는 살지 않아.

그리고 바다표범은 울부짖는 소리를 내지, 이런 소리를 내지 않아."

그렇다면, 이 이상한 소리는 어디서 나는 걸까요?

노라는 단서를 찾으려고 주변을 둘러봤어요.

하지만 보이는 건 얼음, 눈 덮인 산,

그리고 몇 개의 아주 커다란 빙산뿐이었어요.

그러다 문득 깨달았어요.

"맞아! 빙산이 내는 소리일지도 몰라!"

29

노라는 빙산의 반대편을 볼 수 없었어요.

빙산이 너무나도 컸거든요!

그런데 그 빙산이 **쾅!** 하고 반대편 산에 부딪히는 것 같았어요.

으르렁! 쩍! 첨벙!

빙산의 한 모서리가 갈라지더니 바다로 떨어졌어요.

"얘들아, 작은 빙산이 생겼어!" 노라는 펭귄들에게 크게 외쳤어요.

하지만 펭귄들은 삐악삐악 자기들끼리 노느라 정신이 없었어요.

It's a fact

5m 이하의 작은 빙산은
'그로울러(growler)'라고 부릅니다.

"펭귄들은 정말 좋겠네."
노라가 부러워하며 말했어요.
"이 얼음 왕국에서 영원히 살 수 있으니,
내 꿈이 이루어진 거나 마찬가지잖아!"

It's a fact

펭귄은 남반구에서만 볼 수 있어요.
남극에서부터 북쪽으로는
갈라파고스 제도까지 서식합니다.

"노라? 노라!" 어디선가 익숙한 목소리가 들려왔어요.
"또 상상의 세계에 빠졌구나?" 아빠의 목소리였어요.

깜짝 놀라 발밑을 보니, 바닥에 물이 흥건했어요.
"네가 상상에 빠져 있는 동안 얼음이 다 녹아버렸어." 아빠가 웃으며 말했어요.

"어, 안 돼!" 노라는 외쳤어요.
"그런데 아빠, 이 정도 얼음은 빙산의 일각일 뿐이에요!"

33

빙산이
부서지는 이유

과학자들은 빙산이 어떻게 생기고 왜 부서지는지 알아보기 위해 빙붕을 연구하고 있어요.

빙붕ice shelf은 육지에 붙어 있으면서 바다 위에 떠 있는, 아주 크고 넓은 얼음판이에요. 대부분의 빙붕은 남극 근처에 있지만, 캐나다 북쪽에도 아주 큰 빙붕이 있어요.

요즘 과학자들은 빙붕이 점점 빠르게 무너지는 가장 큰 이유가 기후 변화 때문이라고 생각해요. 특히 남극 반도 근처의 빙붕이 많이 녹고 있는데, 이곳은 남아메리카를 향해 북쪽으로 튀어나온 지역이에요. 그래서 따뜻한 바닷물이 쉽게 흘러들어오고, 1950년 이후 기온이 약 2.5℃나 올라갔대요. 이 때문에 남극 반도는 지구에서 가장 빠르게 따뜻해지는 곳 중 하나가 되었어요.

과학자들은 따뜻한 공기와 따뜻한 바닷물 때문에 빙붕이 더 많이, 더 빠르게 녹고 있다고 설명해요.

1995년 이후,
라르센 빙붕Larsen Ice Shelf은 여러 차례의 붕괴를 거치며 예전 크기의 거의 85%를 잃었어요.

로스 빙붕Ross Ice Shelf은 스페인만큼 큰, 지구에서 가장 거대한 빙붕이랍니다.

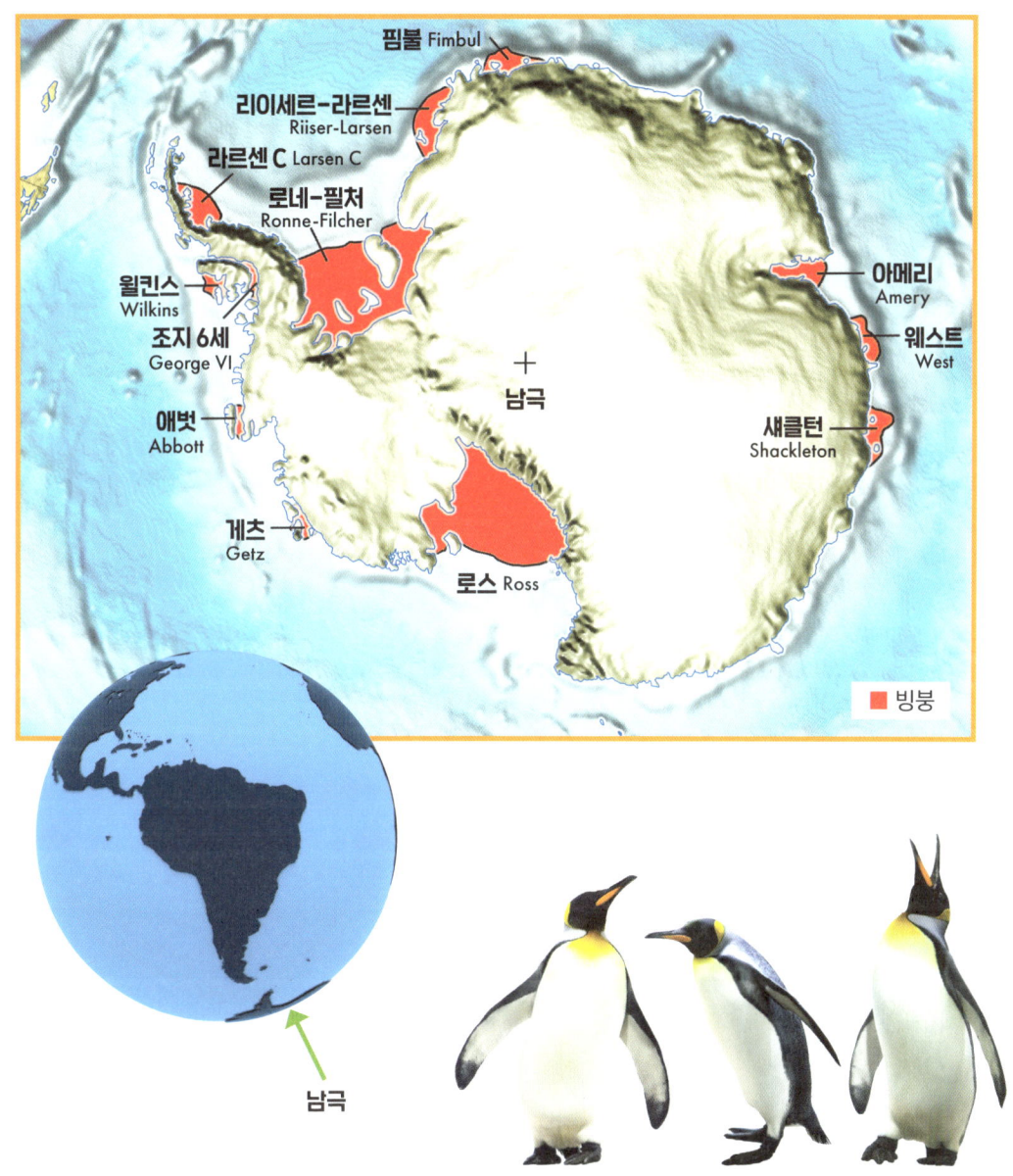

핌불 Fimbul

리이세르-라르센
Riiser-Larsen

라르센 C Larsen C

로네-필처
Ronne-Filcher

아메리
Amery

윌킨스
Wilkins

웨스트
West

조지 6세
George VI

애벗
Abbott

섀클턴
Shackleton

게츠
Getz

남극

로스 Ross

■ 빙붕

남극

빙산의 종류는 6가지!

빙산 가운데 가장 작은 것은 **그로울러**Growler라고 불러요. 자동차보다 작은 크기예요.

다음은 **버기 비트**Bergy Bit로, 작은 집 크기의 빙산이에요.

나머지 네 가지는 **소형**Small, **중형**Medium, **대형**Large, **초대형**Very Large이라고 불러요(아마 과학자들이 새로운 이름을 생각해 내는 데 지친 모양이에요.).

초대형 빙산은 높이 73m, 길이 204m를 넘는다고 해요. 미국 국립빙산센터에서 발견한 가장 큰 빙산은 2000년 남극의 로스 빙붕에서 떨어져 나온 빙산 B-15입니다. 이 빙산의 두께는 약 0.8㎞이고, 면적은 미국의 코네티컷주만 한 크기였다고 합니다.

또 빙산은 모양에 따라 판상 빙산과 비판상 빙산으로 나누기도 해요. **판상 빙산**Tabular Iceberg은 평평한 모양으로, 가파른 옆면과 평평한 꼭대기를 가지고 있어요.

불규칙한 모양을 가진 **비판상 빙산**Non-Tabular Iceberg은 바람과 바닷물에 의해 다양한 모양으로 깎여서 여러 형태를 가지고 있습니다. 바람과 물이 침식 작용을 해 마치 성처럼 아름다운 모양의 빙산을 만들기도 합니다.

알고 있나요?

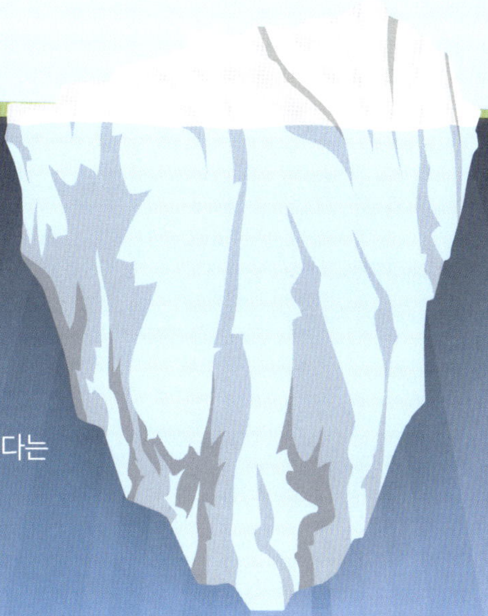

빙산의 90%는 물속에 있어요.
대부분의 빙산은 수면 아래에 가려져 있어서 우리 눈에 보이는 부분은 단 10%뿐이랍니다!
그래서 전체 중 극히 일부분만 보인다는 의미로 '빙산의 일각'이라는 표현을 사용하기도 해요.

사실 혹은 거짓?

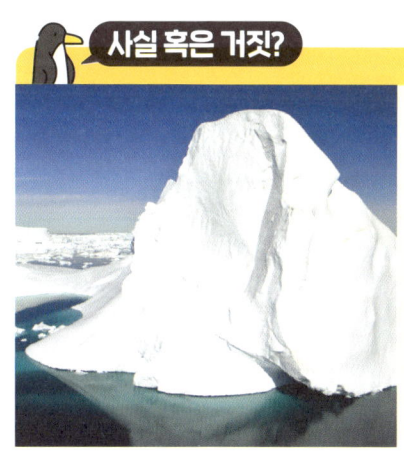

Q 빙산이 녹으면 해수면이 상승한다?

A 거짓!

빙산은 이미 바닷물 위에 떠 있기 때문에 녹아도 해수면을 높이지 않아요.
하지만 육지에 있는 얼음(빙하 등)이 녹으면 그 물이 바다로 흘러들어가 해수면이 높아질 수 있어요.

빙하와 빙산은 어떻게 다를까?

빙하Glacier는 수천 년 동안 쌓인 눈이 얼어 만들어진 거대한 얼음 덩어리입니다. 눈이 한곳에 오래 머물러 얼음으로 변할 때 빙하가 됩니다. 빙하는 움직이는 능력을 가지고 있어요. 무거워진 질량 때문에 매우 느린 속도로 서서히 움직이지요. 마치 아주 느린 강처럼 말이에요. 어떤 빙하는 축구장만큼 작고, 어떤 빙하는 높은 산들 사이에서 수백 킬로미터 길이로 자라기도 합니다.

현재 빙하는 지구 육지 면적의 약 10%를 차지하고 있어요. 호주를 제외한 모든 대륙에서 빙하를 발견할 수 있답니다. 지금의 빙하들은 마지막 빙하기 때의 흔적인데, 그때는 얼음이 육지의 약 32%, 바다의 약 30%를 덮고 있었답니다.

빙산Iceberg은 바다와 맞닿은 빙하나 빙상의 가장자리에서 떨어져 나온 거대한 얼음 조각입니다. 바다로 떠내려가면서 조각나고, 점점 줄어들다가 결국 녹아버리지요.

빙산 위의 아델리펭귄 떼

커먼웰스 빙하Commonwealth Glacier는 남극에서 가장 많이 연구된 빙하 중 하나입니다.

크릴krill은 아주 작은 새우처럼 생긴 바다 생물로, 고래와 펭귄이 좋아하는 먹이입니다.

수스 빙하Suess Glacier가 남극의 바다에 도달하면 빙산이 떨어져 나가기 시작합니다.

알아두면 좋은 단어들

캘브 calve   큰 얼음 덩어리에서 빙산이 똑 떨어져 나오는 현상

크레바스 crevasse   빙하나 얼음 위에 생긴 깊고 큰 틈

화산이
폭발하는 순간

Elena Selivanova 그림

2010년, 아이슬란드에서 큰 화산이 폭발했어요. 이때 뿜어져 나온 화산재가 하늘을 뒤덮어 유럽에서는 몇 주 동안 비행기가 뜨지 못했어요.

2015년에는 또 다른 화산이 빙하 아래에서 뜨겁게 불타는 마그마를 내뿜기 시작했어요. 하지만 이번에는 화산재가 적어서 큰 문제는 없었죠. 조금 지난 후에는 관광객들이 근처에 가서 분출하는 화산을 직접 볼 수 있을 정도였어요.

자, 이제 상상해 봐요!

이 웅장한 화산들이 꼭대기를 날려 버릴 때, 세상이 어떻게 변할지 말이에요!

케일라는 운동장을 가르며 달렸어요.

상대 팀을 피해 요리조리 축구공을 몰다가 마침내 골대 앞에 섰죠.

힘찬 발길질 한 번에 공은 골대를 향해 날아갔고, 관중들은 열광하며

환호했어요!

케일라는 이번 시즌 내내 정말 열심히 연습했어요.

공을 드리블하고, 차고, 뛰며 수많은 시간을 보냈죠.

팀을 위해 꼭 골을 넣고 싶었거든요.

43

"으으으의! 골을 넣었어야 했는데!"

게일라는 정말 화가 났어요.

필드를 걸어 나가며 두 손으로 허공을 치고

발을 굴려도 봤지만, 화가 풀리지 않았어요.

친구들이 게일라를 달래보려 했지만, 그럴수록 게일라는 점점 더

화가 났어요.

주먹을 꼭 쥔 채 얼굴까지 새빨개질 정도였어요.

"**괜찮아.**" 친구들이 말했어요.
"게임은 아직 끝나지 않았어. 다시 기회가 올 거야!"

"**진정해, 케일라.**" 코치 선생님이 부드럽게 말씀하셨어요.
"깊게 숨을 들이마셔. 화산처럼 폭발하지 않게 말이야!"

케일라는 마음을 진정시키려고 노력했어요.

천천히 숨을 쉬고, 마음을 가라앉히기 위해 열까지 세었어요.

숨을 쉴 때마다 케일라는 마치 자신이 화산 꼭대기에 있는 것 같다고 생각했어요.

"조심해!"
그때 누군가의 목소리가 들렸어요.
'코치 선생님 목소리는 아닌데….'
케일라는 주위를 둘러보았어요. 그리고 자신이 더 이상
축구장이 아닌 산꼭대기에 있다는 걸 깨달았어요.

"곧 폭발할 거야!" 누군가가 경고했어요.
그리고는 노란 헬멧을 쓰고 로프 뭉치를 든
한 남자가 케일라의 손을 잡았어요.
"나는 빈이야. 화산학자지.
화산을 연구하는 일을 해."

It's a Fact
과학자들은 센서와
모니터링 기술을 이용해
화산 폭발 가능성을 미리
알려줍니다.

"저건 화산의 균열이야."
빈이 설명했어요.
"그리고 저 빨간 것은 마그마야. 지구 깊은 곳의 암석이 녹아서
만들어진 거지. 지금 표면으로 올라오고 있어."

"정말 멋져요!"

케일라가 감탄하자, 빈이 다시 말했어요.

"사실 이곳은 아주 뜨거워. 마그마는 약 1,100℃ 이상일 수 있어.

너무 가까이 가지 마!"

"코치가 늘 저보고 화산처럼 화를 낸다고 했는데,
이 화산의 꼭대기는 어디예요?"
케일라가 주위를 둘러보며 빈에게 물었어요.

"우리가 서 있는 이곳이 꼭대기야. 여기가 정상 분화구지.
몇 분 안에 마그마가 아래의 마그마 챔버에서 솟구쳐 오를 거야.
모든 압력이 이 분화구 꼭대기를 공중으로 날려버릴 거고,
그때 뜨거운 마그마도 함께 쏟아질 거야."

케일라는 놀란 입을 다물지 못한 채 외쳤어요.
"저, 저, 저기요… 어서 여기서 나가요!"

It's a Fact

화산은 바다 밑바닥이나 만년설
아래에도 있고, 아이슬란드에서처럼
빙하 아래에도 있습니다.

IT'S A FACT

화산은 마치 거대한 압력솥의
안전밸브처럼 작동합니다.
화산 활동을 통해 지구 내부의
압력을 방출하는 것이지요.

"단단히 붙잡아!"

빈은 케일라를 자신의 벨트에 연결하며 외쳤어요.

두 사람은 로프를 타고 산 아래로 내려가기 시작했는데,

도중에 큰 굉음이 들려왔어요.

"제 배에서 나는 소리는 아니에요." 케일라가 말했어요.

"이건 폭발 기둥 내부에서 암석이 녹고 움직이는 소리야."
빈이 말했어요. **"암석과 마그마가 꼭대기까지 끓어오르고 있어."**

"우리가 아래로 가고 있어서 다행이에요."
케일라가 몸을 떨며 말했어요.
갑자기 '쉬' 하는 큰 소리가 들렸고,
케일라의 뒤에서는 연기 자욱한 증기가 뿜어져 나왔어요.

"마그마가 꼭대기로 올라갈수록 화산 내부에는 압력이 쌓여.
뜨거운 가스가 산의 균열이나 분출구를 통해 빠져나가는 거지."
빈이 설명해 주었어요.

It's a Fact

화산 폭발은 화산재를 최대
약 30km 상공까지 뿜어낼
수 있습니다.

마침내 두 사람은 산 아래에 도착했어요.

케일라가 발밑에서 땅이 떨리는 것을 느낄 때였죠.

"숨어!"

두 사람은 산에서 멀리 달아났고, 곧이어 큰 폭음이 공기를 가르며 울려 퍼졌어요.

"꼭대기가 날아갔어요!"

두 사람은 갑자기 암석과 불길의 폭풍 속에 휘말려 버렸어요.

화쇄암 조각을 피하고, 불타는 비를 피해 이리저리 뛰어다녀야 했어요.

IT'S A FACT

어떤 분출 흐름은 느리게 움직이지만,
대부분은 눈사태처럼 매우 빠릅니다.
모든 화산 분출은 극도로 위험해요!

빨간 강이 산을 타고 흘러내리며 두 사람 뒤로 다가왔어요.
"**용암류야!** 산에서 나오는 마그마를 용암이라고 불러. 용암은 빠르게 혹은 느리게 흐를 수 있어. 시간이 지나면 식어서 땅이나 또 다른 화산을 형성하지. 하지만 그건 수백 년이 걸릴 수도 있어."

"저, 그때까지 여기 있을 생각은 없어요!"

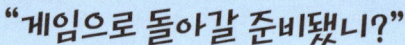

"게임으로 돌아갈 준비됐니?"
어디선가 익숙한 목소리가 들려왔어요.

케일라는 천천히 숨을 내쉬고, 코치를 마주 보았어요.
"준비됐어요! 그리고 이제 화산처럼 화내지 않을 거예요.
그건 정말 무섭더라고요!"

케일라는 친구들과 하이파이브를 하고 축구장으로 뛰어나갔어요.
관중들은 환호했고, 케일라는 이번에는 화산처럼 화내지 않을 자
신이 있었어요.

분출하지 마!
화산의 단면

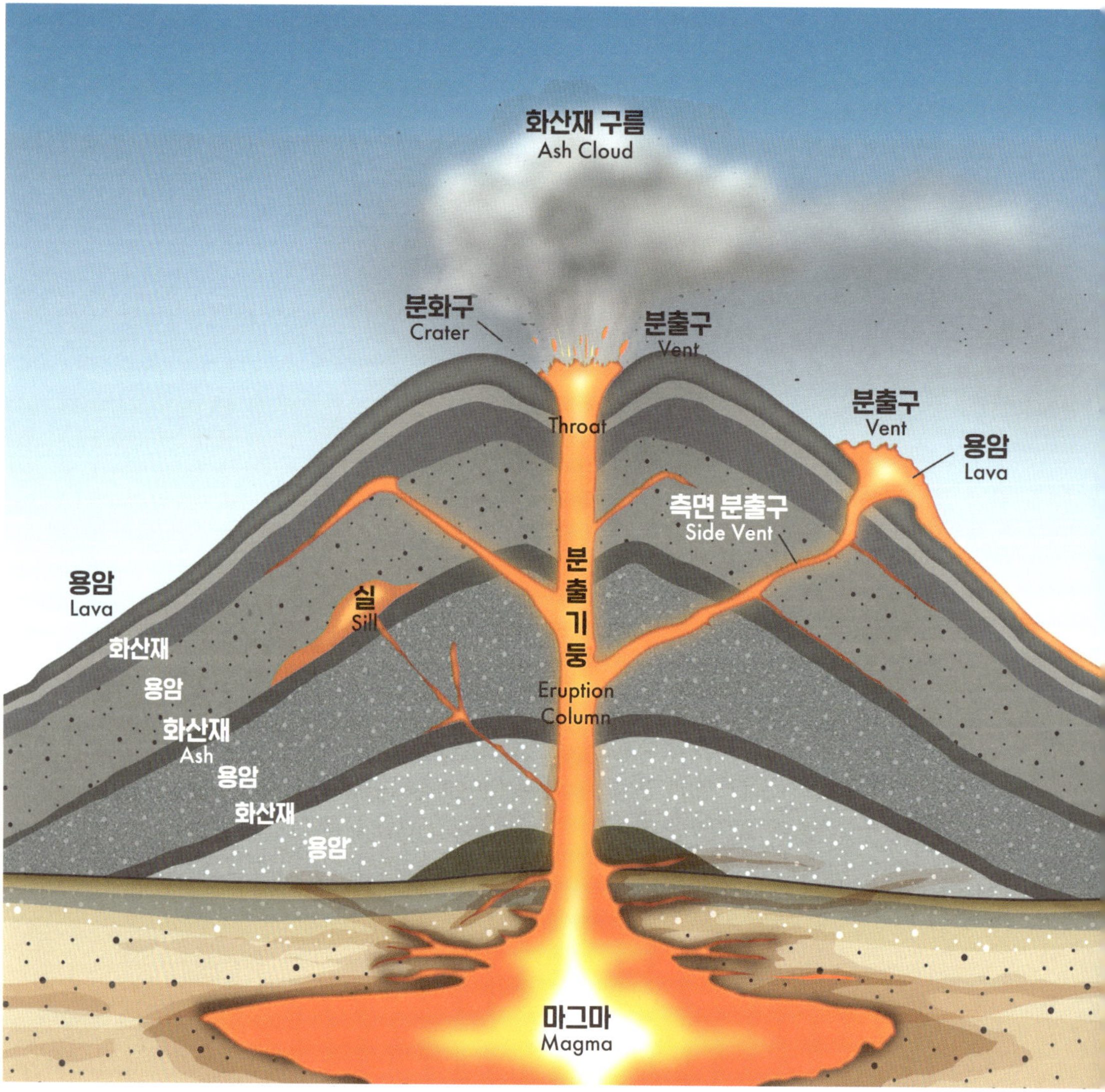

화산재 구름
Ash Cloud

분화구
Crater

분출구
Vent

Throat

분출구
Vent

용암
Lava

측면 분출구
Side Vent

분출기둥
Eruption Column

실
Sill

용암
Lava

화산재

용암

화산재
Ash

용암

화산재

용암

마그마
Magma

화산재 ash   용암이나 암석의 작은 조각

분화구 crater   큰 분출구를 둘러싸고 있는, 화산의 입구

실 sill   화산 내부의 균열 사이에 마그마가 굳어 생긴 평평한 암석

분출구 vent   화산 안의 압력이 빠져나가는 구멍

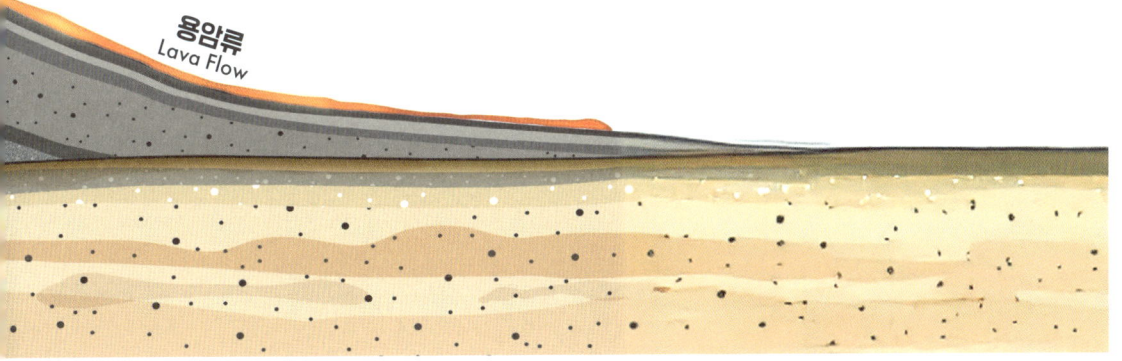

용암류
Lava Flow

불의 고리
Ring of Fire

여러분은 화산이 세계 곳곳에 있다는 걸 알고 있나요?

대부분의 화산은 태평양 가장자리를 따라 줄지어 분포해 있어요. 이 지역을 '불의 고리'라고 부르는데, 지구의 화산 중 약 75%가 이곳에 몰려 있답니다. 다시 말해, 전 세계 화산 4개 중 3개가 바로 이곳에 있는 셈이에요!

지구의 바깥 부분은 '판'이라고 불리는 큰 암석 조각들로 이루어져 있어요. 이 판은 총 7개의 큰 판과 12개의 작은 판으로 나뉘며, 뜨거운 액체 상태인 '맨틀' 위를 아주 천천히 움직이고 있어요.

태평양 아래에 있는 태평양판은 가장 큰 판이에요. 이 판이 다른 판과 부딪히면 지진이 일어날 수 있어요. 또, 태평양판이 다른 판 밑으로 밀려들어 갈 때는 뜨거운 마그마가 지표면까지 올라와 화산이 폭발하게 되지요.

불의 고리는 지구의 판이 어떻게 움직이고, 그 결과로 얼마나 위험한 화산이 생겨나는지를 보여주는 아주 흥미로운 예시입니다.

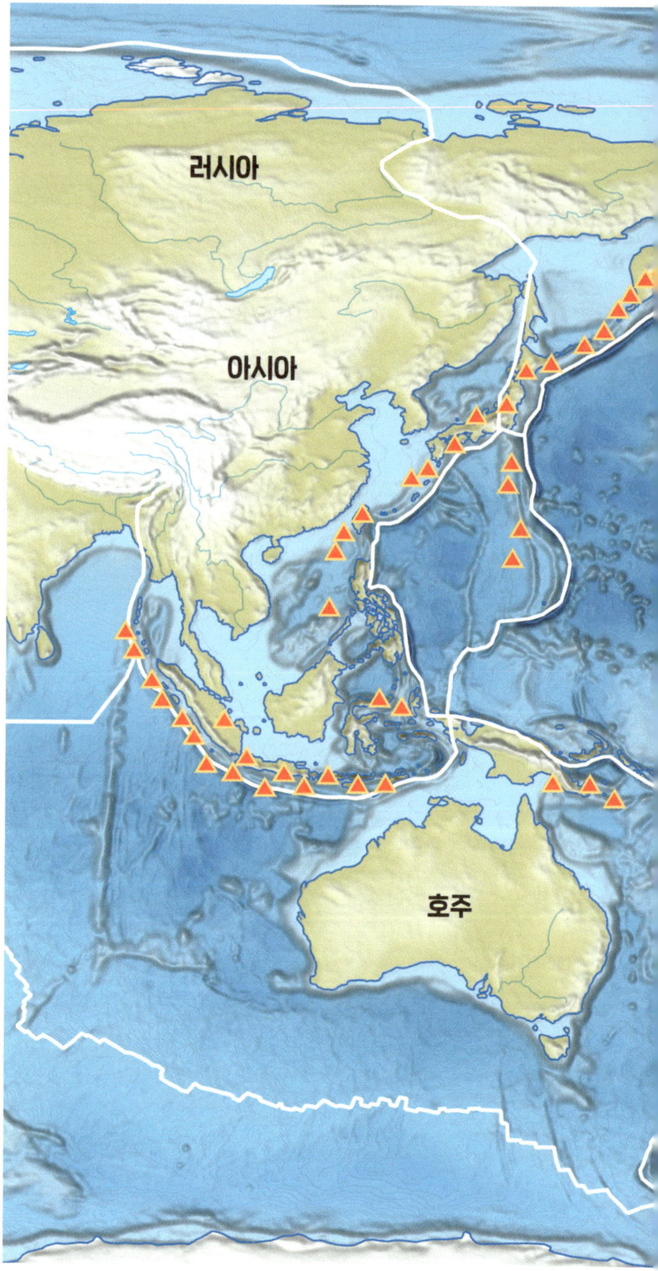

러시아

아시아

호주

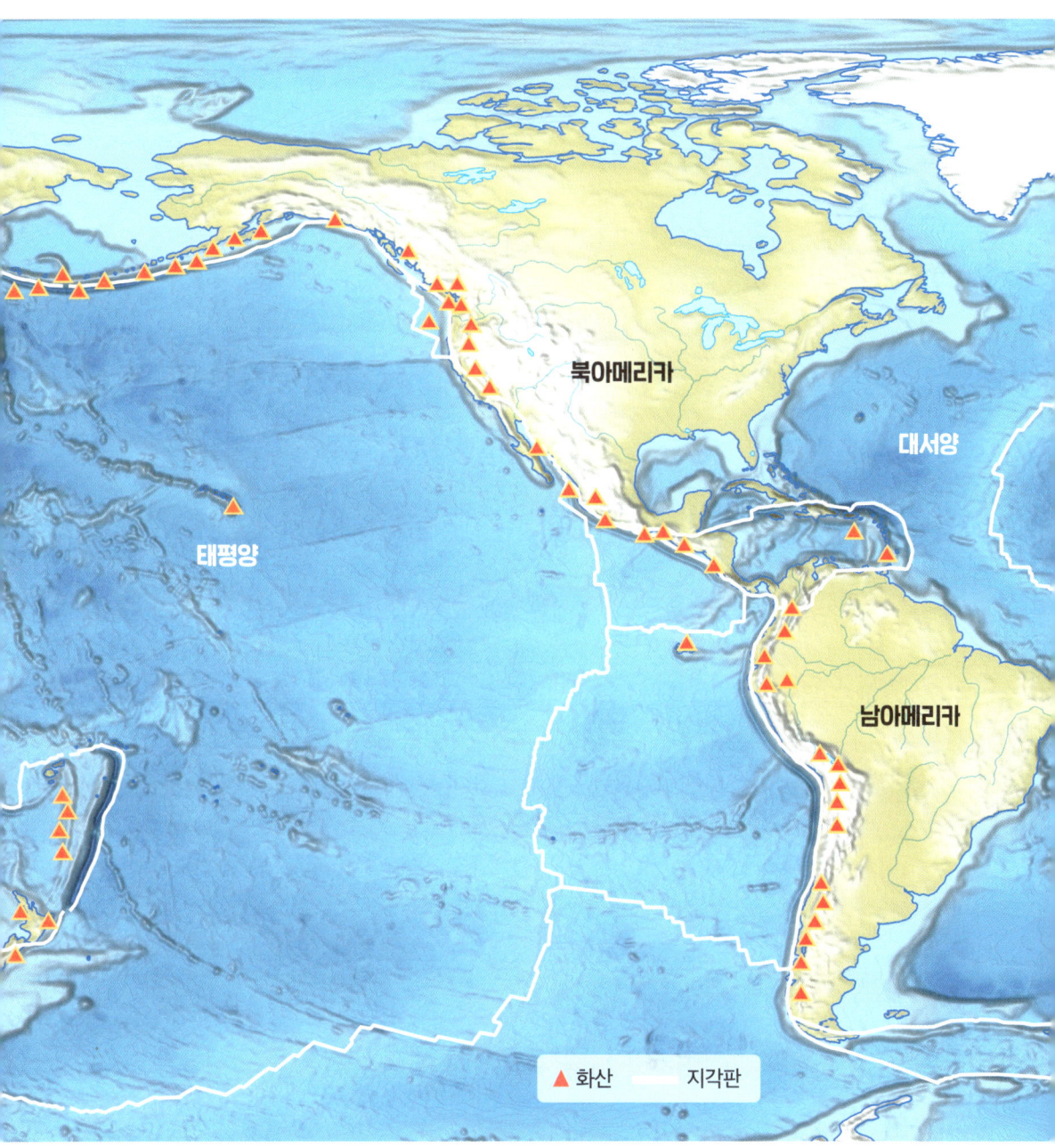

북아메리카

대서양

태평양

남아메리카

▲ 화산   지각판

 **Fact File 3**

전 세계의 화산

과학자들은 현재 태평양에 있는 **타무 마시프**Tamu Massif가 지구에서 가장 큰 화산이라고 믿고 있어요. 이 화산은 일본에서 동쪽으로 약 1,600㎞ 떨어진 곳에 있으며, 크기는 한반도의 약 25배만큼 넓답니다. 놀랍게도 이 화산은 2013년에야 발견되었어요.

마우나케아Mauna Kea는 하와이에 있는 화산으로, 세계에서 가장 높은 화산이에요. 바다 아래에 있는 기저에서부터 정상까지 높이를 재면 무려 1만 미터나 된답니다!

아프리카에서 가장 유명한 화산은 **킬리만자로**Kilimanjaro예요. 이 원뿔 모양의 성층 화산은 탄자니아와 케냐 국경에 걸쳐 우뚝 솟아 있어요.

오호스 델 살라도 Ojos del Salado는 남아메리카 안데스 산맥에 있는 화산이에요. 아르헨티나와 칠레의 국경에 있으며, 높이는 6,880m로 해발 기준 세계 최고 높이를 자랑합니다.

 Fact File 4

역사상 가장 큰 화산 폭발

시기	지역
기원전 4895년경	크레이터 레이크(미국 오리건주)
기원전 4350년경	키카이(일본)
약 220만 년 전	옐로스톤(미국)
1050년경	백두산(중국-북한)
1815년	탐보라(인도네시아)

용암이 냉각되어 만들어진 암석

이 화산들은 엄청난 폭발로 지구 역사에 큰 영향을 주었답니다!
*출처: 오리건 주립대학교

알아두면 좋은 단어들

균열 fissure	지구의 암석 표면에 생긴 좁은 틈이나 갈라진 부분
마그마 magma	지구 내부에서 녹은 뜨거운 암석
맨틀 mantle	지각 바로 아래에 있는 지구 내부의 층
화쇄성 pyroclastic	화산에서 분출된 물질과 관련된 것
지각판 tectonic plates	지구 맨틀 위에 떠 있는 거대한 암석 판

뼈 없는
공룡 화석 이야기

Gideon Kendall 그림

혹시 동물원에서 코끼리를 본 적 있나요?

코끼리는 정말 크고, 스쿨버스만큼 무겁기도 해요!

그런데 수백만 년 전, 지구에는 브라키오사우루스라는 엄청난 공룡이 살았다고 해요.

그 공룡은 코끼리 17마리를 합한 무게를 가졌대요!

상상이 되나요? 공룡들이 얼마나 컸는지 말이에요.

자, 이제 공룡들이 뛰어놀던 신기한 세계로 같이 떠나볼까요?

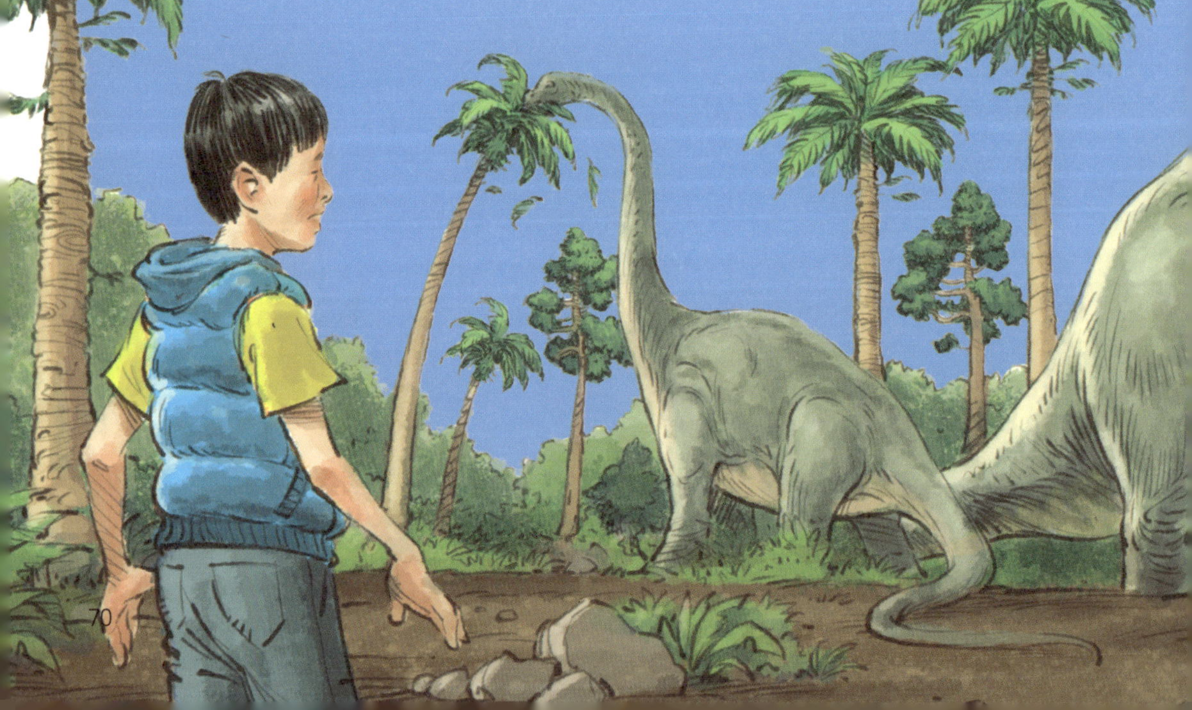

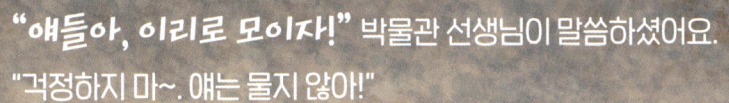

"**얘들아, 이리로 모이자!**" 박물관 선생님이 말씀하셨어요.

"걱정하지 마~. 얘는 물지 않아!"

리호랑 친구들은 깔깔 웃으며 아르헨티노사우루스 가까이로 갔어요.

정말 커다란 공룡이 우뚝 솟아 있었죠.

리호는 이렇게 큰 무언가를 본 적이 없었어요.

리호는 공룡의 긴 목을 뚫어지게 바라봤어요.
공룡 머리가 거의 천장에 닿을 것 같았거든요!
"와! 저건 진짜 제일 큰 공룡 같아!" 리호가 말했어요.

"지금까지 발견된 공룡 중에 제일 크지."
박물관 선생님이 대답하셨어요.
"과학자들은 화석을 보고 공룡의 크기를 알아내는데,
이 아르헨티노사우루스의 크기를 알기 위해
넓적다리뼈와 등뼈 화석을 연구했단다."

"선생님, 공룡 뼈는 어디서 나오나요?"

"좋은 질문이야! 이 공룡 뼈는 2003년에 아르헨티나의 한 농장에서
발견됐단다. 하지만 지구 여기저기에서 공룡 화석이 발견되고 있어."
선생님이 지도를 가리키며 말씀하셨어요.

IT'S A FACT

약 2억 4500만 년 전, 지구의 땅덩어리는 하나로 붙어 있었습니다. 그걸 '판게아'라고 부릅니다. 시간이 아주 많이 지나면서 그 땅이 조금씩 갈라졌고, 지금처럼 대륙들이 따로 나뉘게 되었습니다. 이렇게 땅이 갈라지면서 흩어진 공룡 뼈들이 전 세계 여러 지역에서 발견되고 있습니다!

리호는 지도를 더 자세히 봤어요.

그러다가 화석들이 산 근처에서 많이 나왔다는 걸 알았죠.

'근데… 화석이 왜 산 꼭대기에 있는 거지?'

그때 갑자기 어디선가 뜨겁고 끈적한 바람이 슝~ 불어왔어요.
그리고 눈을 한 번 깜빡였을 뿐인데,
리호 주변이 온통 푸르고 울창한 숲으로 변했어요!!

양치식물과 덤불이 땅을 가득 덮고 있었어요.

나무처럼 키 큰 식물들이 리호 머리 위로 우뚝 솟아 있었죠.

그 식물들이 땅에 시원한 그림자를 만들고 있었어요.

"어, 이상한데? 이 나무 그림자는 공룡처럼 생겼잖아?"

그런데 그 그림자가 움직였어요!

점점 더 가까이 다가오고 있었죠.

리호는 발밑의 땅이 부르르 떨리는 걸 느꼈어요.

"이건 식물 그림자가 아니잖아! 진짜 고-고-공룡이야!"
리호는 너무 놀라서 눈으로 보고도 믿을 수 없었어요.
공룡 무리가 바로 리호 쪽으로 다가오고 있었거든요.

덩치 큰 공룡들이 앞서 가고,
작은 공룡들은 뒤를 따르고 있어요.
땅이 축축해서 공룡 발자국이 쿵쿵 깊게 찍혔죠.

리호는 선사시대 공룡들을 뚫어지게 바라봤어요.

두껍고 축 늘어진 피부는 마치 코끼리 같았고,

목은 기린처럼 길쭉하게 뻗어 있었어요.

네 개의 튼튼한 다리가 그 크고 무거운 몸을 받치고 있었죠.

공룡 무리는 나무에서 잎을 뜯어 먹고 있었어요.

"휴~ 다행이다!"

리호가 안도의 숨을 쉬었어요.

"얘들은 풀만 먹는 초식 공룡이니까,

나 같은 사람을 먹이로 생각하진 않겠지!"

리호는 고대 세계를 여기저기 둘러보며 탐험했어요.
그런데 박물관 지도에서 봤던 것처럼 산이 많이 안 보였죠.
좀 이상했지만, 그래도 몇 가지는 낯이 익었어요.
커다란 새처럼 생긴 공룡이 호수로 날아가 물고기를 덥석 잡았고,
악어처럼 생긴 커다란 공룡들은 사나워 보였어요.
"우와… 저 육식 공룡들은 좀 무서운데?"
리호는 자기도 모르게 뒷걸음을 쳤어요.

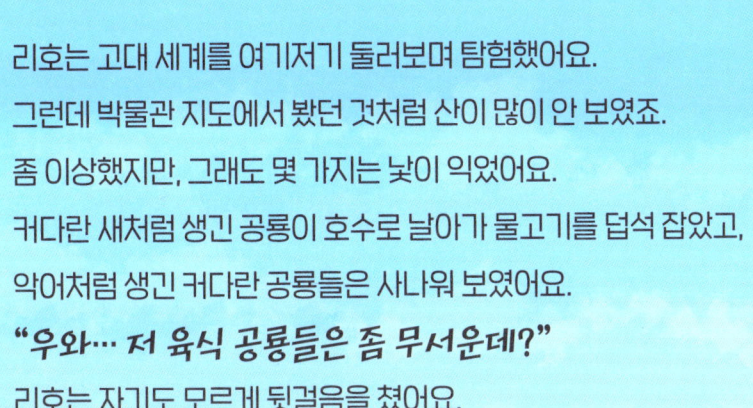

IT'S A FACT

시조새(아르케옵테릭스)는
날 수 있었던 공룡입니다.
몸에 깃털이 있었고, 뼈는 가볍고
가슴뼈가 튼튼해서 지금의
새처럼 하늘을 날 수 있었어요.

그때 갑자기 커다란 **"으르렁!"** 소리가 숲 전체에 울려 퍼졌어요!
새들과 작은 동물들은 모두 숨어버렸고, 큰 초식 공룡들도 깜짝 놀라 멈춰 섰죠.
악어 같은 공룡들조차 조용히 뒷걸음질을 쳤어요

"뭐, 뭐, 뭐지 저건?" 리호는 온몸이 덜덜 떨렸어요.
그 소리는 화난 것 같고…, 배고픈 것 같고…,
어쨌든 엄청 가까운 데서 들렸거든요.
설마 저게….

IT'S A FACT

가장 무서운 공룡 중 하나였던
티라노사우루스는 7천만 년 전에
살았습니다.
길이는 12미터, 무게는 7톤이나
나가고, 톱처럼 날카로운 이빨로
고기를 찢어 먹었습니다!

"티-렉스다!"

거대한 티라노사우루스가 호수로 돌진하면서 먹이를 찾고 있었어요!

리호는 얼른 바위 뒤로 숨었어요.

세상에서 제일 무서운 공룡이 바로 눈앞에 있었거든요!

그때 갑자기 땅이 흔들리기 시작했어요.

쿵쿵쿵, 땅이 요동치고 나무들이 쓰러지고 바위도 굴러내렸어요.
아무리 크고 강한 공룡이라도 이 재앙은 피할 수 없었어요!

잠시 뒤, 숲은 조용해졌어요.

공룡 발자국 위에는 흙이 쌓였고, 호수는 진흙 때문에 반쯤 메워졌어요.

생명으로 가득하던 숲이 이제는 으스스하고 고요해졌어요.

공룡들에게 무슨 일이 일어난 걸까요?

그때, 시원하고 축축한 바람이 슝~ 하고 불어왔어요.
리호는 눈을 번쩍 떴고, 다시 박물관에 돌아와 있었어요.

"지구는 층층이 쌓인 케이크랑 비슷하단다."
박물관 선생님의 목소리가 들려왔어요.

"맨 아래층은 오래된 바위와 공룡 뼈, 그러니까 화석들이 있어.
시간이 지나면서 그 위에 흙과 바위가 또 쌓여서 새로운 층이 만들어지는 거지.
더 시간이 흐르면 지구에 큰 폭풍이나 화산 폭발도 일어나고…."

"그리고 지진도요!"
리호가 씩 웃으며 말했어요.

"맞아!" 선생님이 고개를 끄덕이며 설명하셨어요.
"지각이 움직이면서 땅의 모양이 바뀌기도 해. 평평했던 땅이 산처럼 솟아오르기도 하지. 그래서 공룡 뼈가 땅속 깊은 곳이나 산 위에서도 발견되는 거란다."

리호도 말했어요.
"어디에서 발견되든, 공룡은 정말 대단한 존재예요!"

공룡의 시대 : 중생대
2억 4500만~6500만 년 전

6500만 년 전 ·········· ○ 대형 공룡의 멸종

백악기

거대한 크기의 공룡들이 다양하게 나타남

첫 번째 꽃 피는 식물이 등장

1억 4500만 년 전 ·········· ○ 최초의 깃털 달린 공룡 등장

쥐라기

지구 위에 다양한 공룡이 돌아다님

2억 800만 년 전 ·········· ○ 최초의 포유류 등장

트라이아스기

최초의 파충류 공룡 등장

2억 4800만 년 전 ·········· ○ 대륙이 표류하면서 판게아가 분리됨

과학자들도 왜 거대한 공룡들이 한꺼번에 사라졌는지 정확히는 모른답니다. 일부 사람들은 지금의 중앙아메리카에 무려 10㎞나 되는 커다란 운석이 떨어진 이후 기후가 갑자기 변했을 거라고 믿고 있습니다.

알로사우루스
이상한 도마뱀

시대 쥐라기 말기, 1억 5000만 년 전

크기 키 5m, 길이 12m

발견된 곳 미국 콜로라도, 아프리카, 호주

특징 티라노사우루스의 사촌. 뒷다리로 걸었고, 고기를 먹는 무서운 공룡이었어요.

갈리미무스
닭을 닮은 공룡

시대 백악기 말기, 7000만 년 전

크기 키 2.7m, 길이 6m

발견된 곳 몽골

특징 타조와 비슷해서 달리기를 엄청 잘했다고 합니다. 그런데 날지는 못했어요.

안킬로사우루스
갑옷 도마뱀

시대 백악기 말기, 7000만 년 전

크기 키 3m, 길이 10m

발견된 곳 북남미(볼리비아 포함)

특징 온몸에 갑옷 같은 딱딱한 판이 있었고, 꼬리 끝에 큰 몽둥이처럼 생긴 뼈가 있어서 적을 막을 수 있었어요.

이구아노돈
이구아나처럼 생긴 공룡

시대 백악기, 1억 2000만 년 전

크기 키 5m, 길이 9m

발견된 곳 유럽, 북아프리카, 아시아

특징 똑똑하고 감각도 좋았대요. 공룡 뼈가 거의 다 모인 최초의 공룡이기도 합니다!

시조새(아르케옵테릭스)
날개 달린 공룡

시대 쥐라기 말기, 1억 5000만 년 전

크기 날개 길이 약 45cm

발견된 곳 독일

특징 깃털이 있었고 새처럼 생겼지만, 진짜 공룡이었어요! 뼈가 가볍고 위시본(조류의 가슴뼈)도 있었습니다.

리엘리나사우라
리엘린의 도마뱀

시대 백악기, 1억 1000만 년 전

크기 키 60cm, 길이 2.5m

발견된 곳 호주

특징 눈이 아주 좋아서 어두운 극지방에서도 잘 볼 수 있었어요. 긴 꼬리는 몸에 감아 보온을 했다고 합니다.

하나의 대륙, 판게아

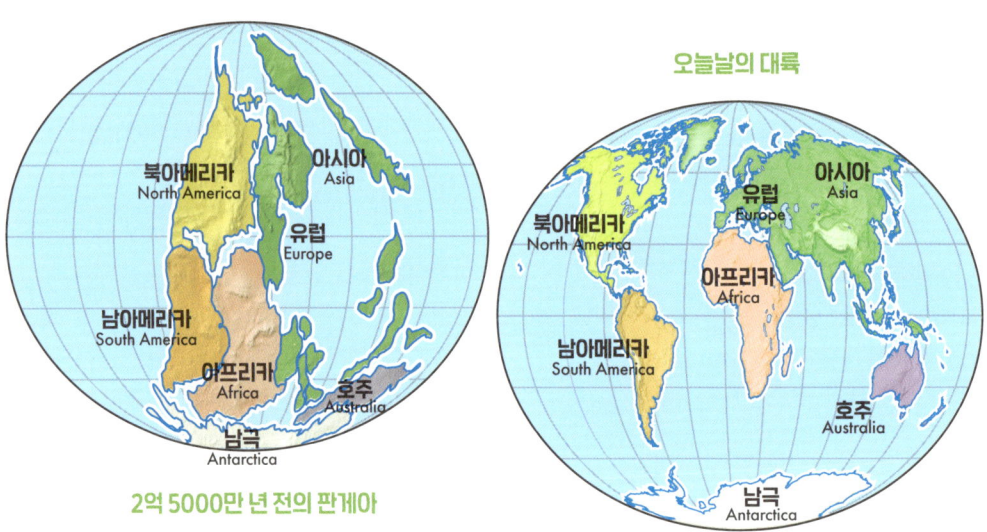

오늘날의 대륙

2억 5000만 년 전의 판게아

아주 오래전, 공룡이 처음 나타난 트라이아스기에는 지구의 모든 대륙이 하나로
붙어 있었어요. 그걸 '판게아'라고 부릅니다!

그러다가 쥐라기가 시작될 무렵, 땅에 '쩍!' 하고 커다란 틈(지진 때문일 수도 있
어요!)이 생겼어요. 그 틈은 점점 넓어지면서 지금의 대서양이 생긴 거예요.

그리고 백악기 말쯤에는 남쪽에 붙어 있던 대륙들이 서로 떨어지고, 유럽 대륙
은 북쪽으로 쓱 올라왔다고 해요.

그래서 지금은 멀리 떨어진 나라들에서도 비슷한 공룡 화석이 발견되는 거예요!
옛날옛적에는 대륙들이 하나였다는 증거지요.

어린이들이 발견한 공룡 화석!

1999년, 어느 더운 여름날.
아르헨티나 파타고니아 지역에 사는 12살 소년
미구엘은 친구들과 놀던 절벽에서 공룡 화석을
발견했어요. 그것도 무려 9000만 년이나 된 뾰
족부리 파충류 스페노돈티아의 화석을요!
과학자들은 "이런 도마뱀처럼 생긴 파충류는 1
억 2000만 년 전에 멸종된 줄 알았는데!" 하며
깜짝 놀랐어요. 설마 이 지역에서 스페노돈티아
가 나올 줄은 꿈에도 몰랐던 거예요.
그런데 미구엘에게 그곳은 매일 친구들과 뛰어
노는 평범한 놀이터였답니다.

유일하게 살아있는 **스페노돈티아**의
후손은 현재 **뉴질랜드에서만 볼 수 있는**
투아라입니다.

알아두면 좋은 단어들

육식 동물 carnivore	다른 동물의 고기를 먹는 동물
화석 fossils	아주 오래전 식물이나 동물의 흔적이 바위 속에 남은 것
초식 동물 herbivore	풀이나 나뭇잎 같은 식물을 먹는 동물
고생물학자 paleontologist	공룡처럼 오래된 생물의 화석을 연구하는 과학자
선사시대 prehistoric	사람들이 글로 역사를 기록하기 전, 아주 오래 전 시기

별빛 가득한
우주 여행

Dave Clegg 그림

깜깜한 밤에 땅바닥에 누워서 반짝이는 별을 바라본 적 있나요?

그 별들은 수많은 행성, 위성, 태양, 그리고 우주 먼지가 모여 만들어

진 은하수 속에 있어요.

우리 태양계도 이 은하수 안에 있어요.

밤하늘을 바라볼 때, 우리는 지구의 이웃 행성들을 보고 있는 거예요!

가끔은 하늘을 가로지르는 유성(별똥별)을 볼 수도 있어요.

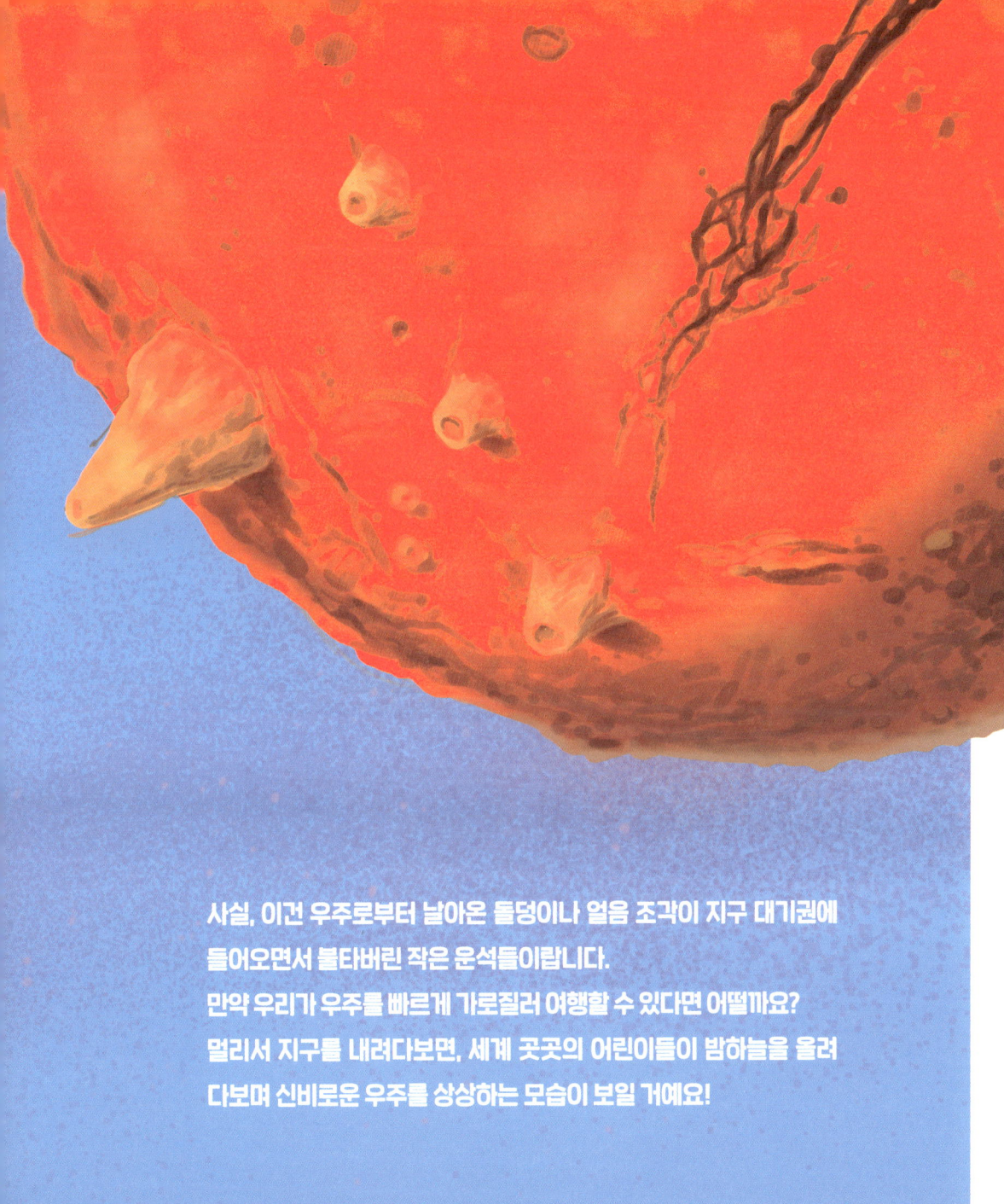

사실, 이건 우주로부터 날아온 돌덩이나 얼음 조각이 지구 대기권에
들어오면서 불타버린 작은 운석들이랍니다.
만약 우리가 우주를 빠르게 가로질러 여행할 수 있다면 어떨까요?
멀리서 지구를 내려다보면, 세계 곳곳의 어린이들이 밤하늘을 올려
다보며 신비로운 우주를 상상하는 모습이 보일 거예요!

완벽한 여름밤이었어요. 캠핑하기 딱 좋은 날이었죠.

잭슨과 와이어트는 함께 누워 별을 바라보고 있었어요.

"저기 좀 봐. 별똥별이야!" 잭슨이 하늘을 가리키며 말했어요.

빛나는 줄기가 그들 머리 위를 빠르게 지나가고 있었어요.

"빨리 빨리!" 와이어트가 외쳤어요.
"별똥별을 보면 소원을 빌어야 해!"

둘은 눈을 꼭 감고, 간절히 소원을 빌었어요.
강아지 맥스도 뭘 빌어야 할지 이미 알고 있었죠.

잭슨과 와이어트가 눈을 떴을 때,
둘의 눈앞에는 놀라운 광경이 펼쳐졌어요!

"여기가 도대체 어디야?"

"와이어트, 우리 지금 우주에 있나봐!
그런데… 어떻게 여기까지 온 걸까?"

"별을 보고 빌면 뭐든 가능하다고 했잖아!"
와이어트가 생각난 듯 말했어요.

"그럼 태양도 별이니까 다시 소원을 빌어보자!"

잭슨이 말하자, 와이어트가 재빨리 소원을 빌었어요.

"우리가 행성 여행을 하게 해주세요!"

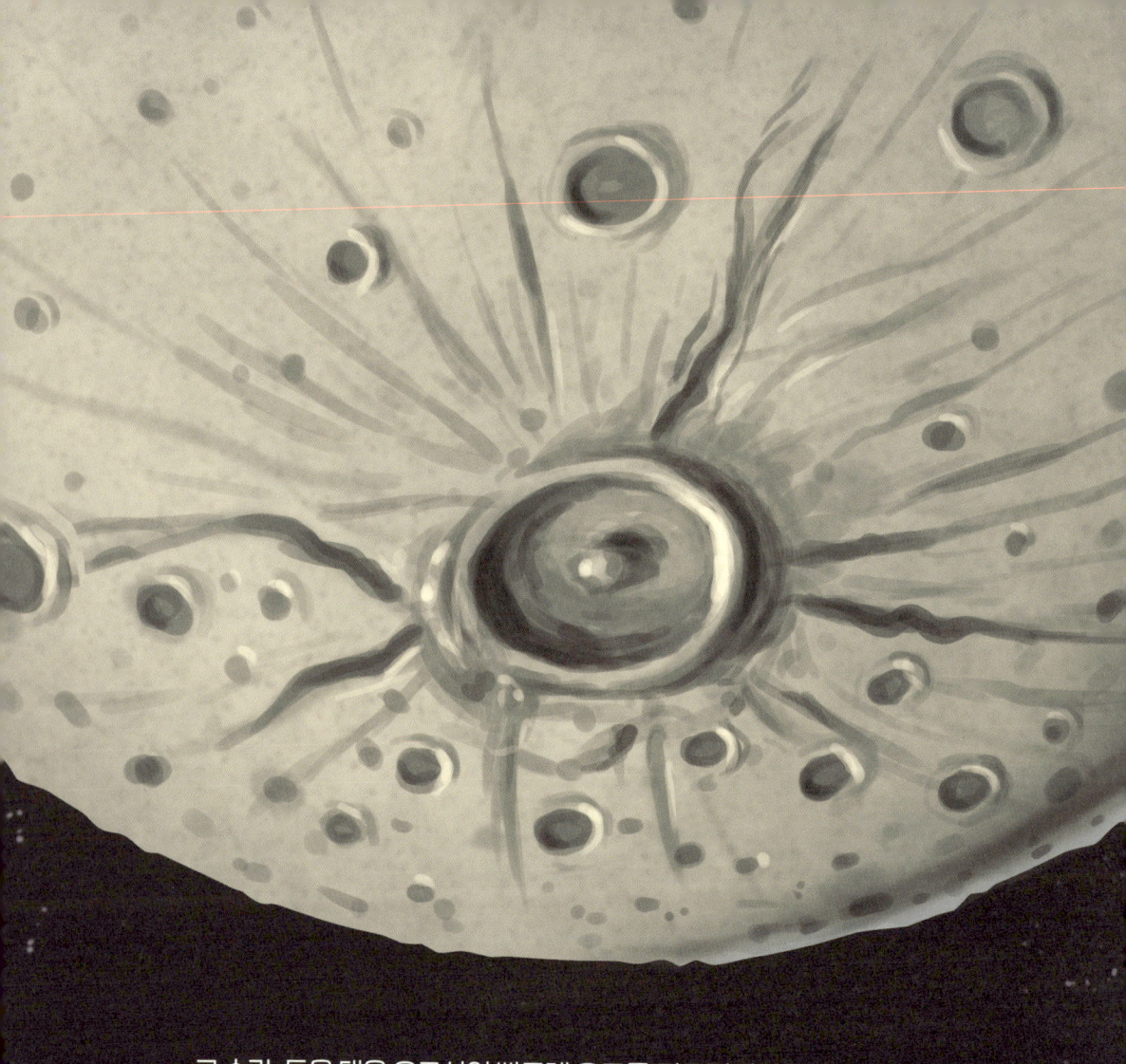

그 순간, 둘을 태운 우주선이 빠르게 우주를 가로질렀어요.
거의 행성과 충돌할 뻔!
"저건 수성이야. 태양과 가장 가까운 행성이지."
잭슨이 말했어요. "여기가 우리 여행의 첫 번째 정거장인 것 같아!"

둘은 바위투성이의 회색 표면을 바라봤어요. 가파르고 날카로운 절벽이
솟아 있었고, 깊은 분화구와 어두운 골짜기들이 보였어요.
"이제 그만 수성을 떠나자. 다음 정거장은 금성이야!"

잭슨의 말을 들은 와이어트가 조종간 앞쪽으로 몸을 내밀며 물었어요.
"다음 목적지가 어딘지 어떻게 아는 거야?"

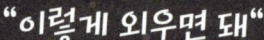

"이렇게 외우면 돼"

"My Very Excellent Mother Just Served Us Noodles!"(*130-131p 참조)
(나의 훌륭한 엄마가 우리에게 국수를 대접했어!)"

"국수?" 와이어트가 황당하다는 듯 잭슨에게 물었어요.
"이 말들이 행성이랑 무슨 상관이야?"

IT'S A FACT

금성은 태양계에서 가장 뜨거운 행성
중 하나입니다. 온도가 약 427~482℃
까지 올라가는데, 지구의 불보다 훨씬
높아서 납을 녹일만큼 뜨겁습니다.

잭슨이 깔깔거리며 말했어요.

"이 문장에서 각 단어의 첫 글자가 행성의 첫 글자와 같아.
그러니까 이렇게 외우면 행성 순서를 기억하기 쉬워!"

"그런데 잭슨, 금성에 너무 가까이 가지는 마! 두꺼운 구름이 태양의
열을 가둬 놓고 있어."

우주선이 지구를 향해 질주했어요.
"우리의 고향 지구야!" 잭슨이 신이 나서 외쳤죠.

강아지 맥스는 지구 근처에서 빛나는 둥근 행성을 보고 짖기 시작했어요.

와이어트는 그런 맥스를 보며 말했어요.
"맥스는 달을 보면 짖잖아. 그러니까 저건 달이 틀림없어!"

달에 가까워질수록 가루처럼 날리는 달의
표면에는 수많은 웅덩이와 협곡이 있는 것을
알 수 있었어요.

"수백만 년 전, 운석이 달에 충돌한 흔적들이야."
잭슨이 설명했어요.

"달에는 공기나 날씨 변화가 없어서 한번 생긴 흔적이 영원히 남아 있는 거야."

**"그래 맞아. 그래서 첫 번째 우주비행사의 발자국도
여전히 남아 있는 거고!"**
와이어트도 맞장구를 치며 말했죠.

"내가 외운 문장에 의하면, 이제 다음 행성은
M으로 시작하는 행성일거야."
우주선은 1억 4000만 마일을 질주했어요.
어느 순간 갑자기, 눈앞에 붉은 갈색의 행성이
나타났어요.

"화성이다!" 와이어트가 외쳤어요.
"태양계에서 네 번째 행성!"

IT'S A FACT

화성의 붉은색은 표면의 철이
녹슬어서 생긴 것입니다.
2015년에 과학자들은 화성에서
물의 흔적을 발견했습니다.

화성의 표면은 붉은 먼지와 바위로 덮여 있었어요.
그리고 그 사이에서 지구에서 본 어떤 산보다도 높고 거대한 산이
보이는 거예요.
그건 바로 올림푸스 몬스였죠. 태양계에서 가장 큰 화산!

"분화구가 터지기 전에 빨리 이곳을 떠나자!" 와이어트가 외쳤어요.

우주선이 다음 목적지인 목성으로 향했어요.

수많은 위성들이 빠르게 회전하는 거대한 행성 주위를 둘러싼 채 뒤섞여 있었죠.

잭슨과 와이어트는 믿을 수 없을 만큼 큰 목성의 크기에 압도당하고 말았어요!

그때 행성 표면을 가로지르며 회오리치는 거대한 붉은 폭풍이 몰려왔어요.

"저건 목성의 '대적점'이야." 잭슨이 말했어요.

"약 300년 동안 계속된 폭풍이지."

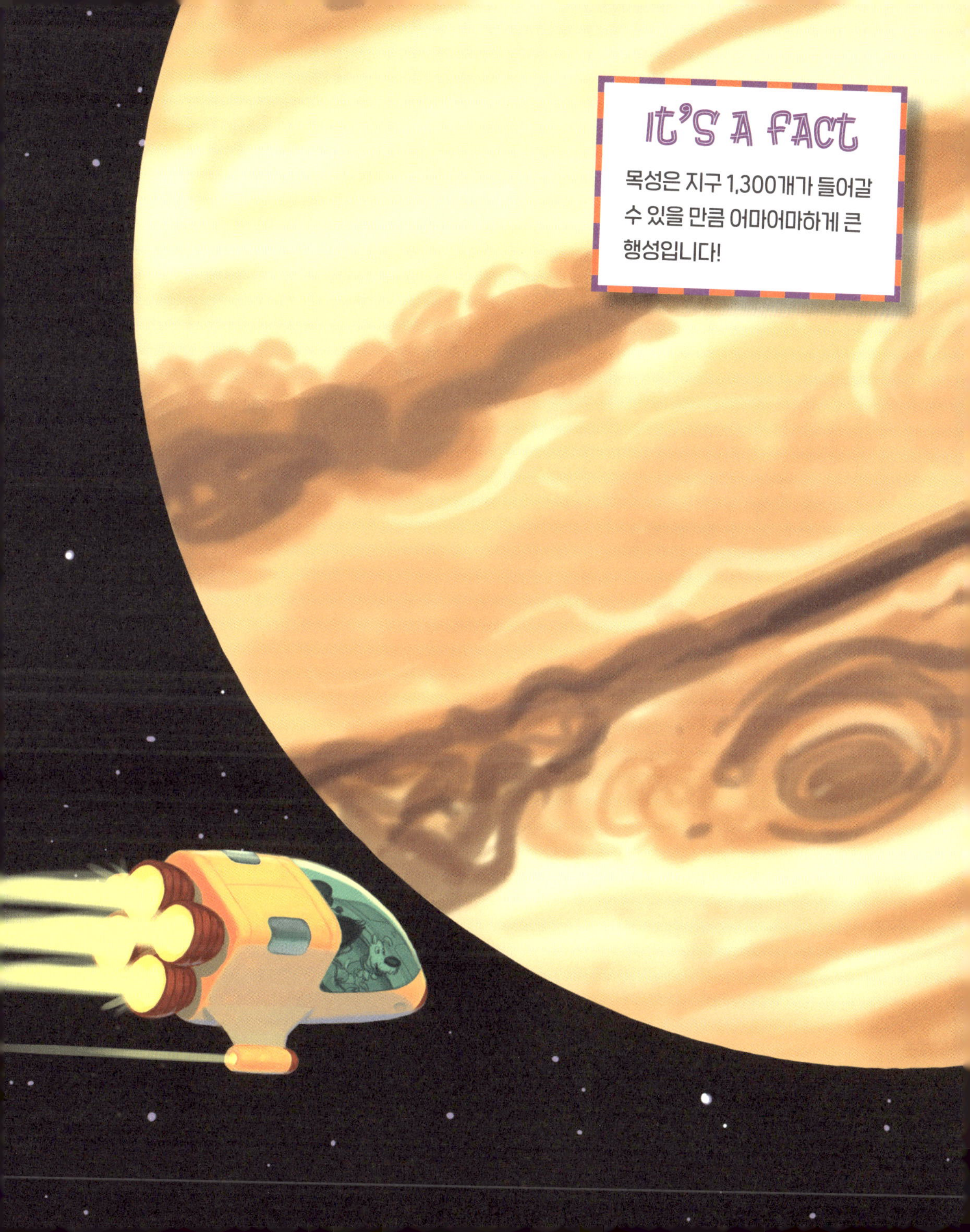

IT'S A FACT

목성은 지구 1,300개가 들어갈 수 있을 만큼 어마어마하게 큰 행성입니다!

"지구 폭풍은 그렇게 오래가지 않아서 다행이야!"
와이어트가 장난스럽게 말했어요.

"이제 다음 행성으로 가자!"

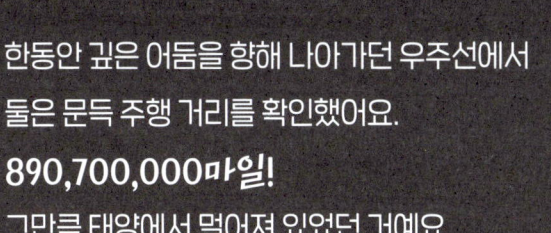

한동안 깊은 어둠을 향해 나아가던 우주선에서

둘은 문득 주행 거리를 확인했어요.

890,700,000마일!

그만큼 태양에서 멀어져 있었던 거예요.

우주선 밖이 그렇게 어두웠던 것도 당연한 일이죠.

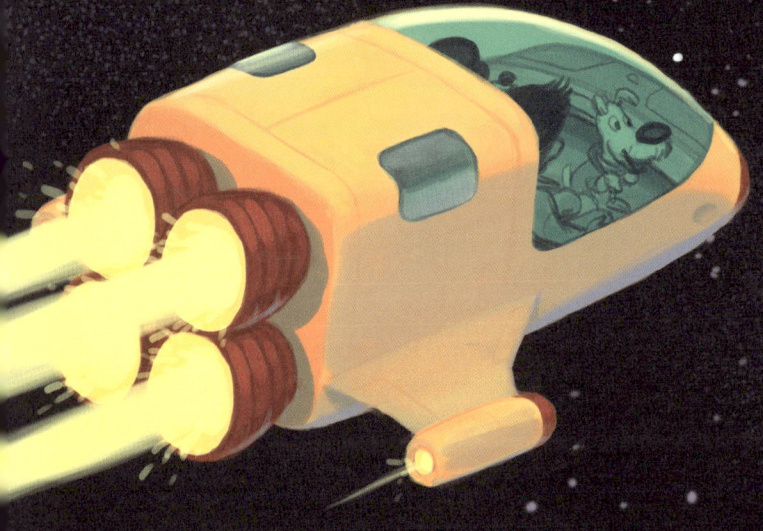

"와! 저 행성은 정말 춥겠다!"

와이어트가 토성을 가리키며 말했어요.

토성의 온도는 −196℃, 극한의 추위에요.

토성을 둘러싼 고리는 거대한 얼음 눈보라처럼 보였어요.

"우리 여기 착륙해 보자!"
와이어트가 토성의 고리 쪽을
가리키며 말하자, 잭슨이 고함쳤어요.

"말도 안 돼! 토성은 단단한 표면이 없어서 착륙하는 순간 중심부로
빨려 들어가고 말거야! 어서 천왕성으로 달아나자"

둘을 태운 우주선은 더 깊은 우주로 항해했어요.

천왕성이 가까워지자 잭슨이 말했죠.

"지금까지 우주 탐사선이 천왕성을 통과한 건 단 한번 뿐이었어.

천왕성은 태양계에서 정말 정말 멀리 떨어져 있거든."

시간이 꽤 흘렀어요. 이제 남은 행성은 하나.

강아지 맥스는 그냥 빨리 집에 가고 싶은 마음뿐이었어요.

배가 고프기 시작했거든요.

"아직 멀었어, 잭슨?"

"거의 다 왔어" 또 다른 차가운 푸른 행성이 보이자 잭슨이 말했어요.
**"해왕성은 태양계에서 여덟 번째이자 마지막으로 알려진
행성이야."**

갑자기 우주선이 윙윙거리며 뱅글뱅글 심하게 흔들렸어요.
"해왕성의 바람이 휘몰아치고 있어!" 와이어트가
소리쳤어요.
"해왕성의 바람은 시속 3600킬로미터가 넘어"
바람이 우주선을 마치 원반던지기 하듯이 휩쓸고 있었어요.

IT'S A FACT

2006년에 뉴호라이즌 탐사선이
발사되어 명왕성과 해왕성 너머의
카이퍼 벨트*를 탐사했습니다.
2015년에 명왕성의 이미지를
보내왔고, 지금도 태양계 끝에서
우주의 데이터를 보내오고 있습니다.

*케이퍼 벨트 : 해왕성 바깥쪽에서
태양계 주위를 도는 원반형의 천체들

쿵!

두 친구는 주위를 둘러봤어요.

그곳은 뒷마당이었고, 별똥별을 보며 소원을 빌고 있었지 뭐예요!

"이건 말도 안 돼!" 와이어트가 외쳤어요.

"미션 완료!" 잭슨은 환호했어요.

"멍! 멍! 이제 잘 시간이야, 얘들아"

강아지 맥스는 큰 소리로 외치는 친구들 옆에서 스르르 잠이 들었어요.

재미있는 우주상식 5가지

1 태양과 가장 가까운 네 개의 행성(수성, 금성, 지구, 화성)은 '지구형 행성(Terrestrial Planets)'이라고 불러요. 이 행성들은 단단한 암석 표면을 가지고 있지요. 반면, 바깥쪽 행성 중 목성과 토성은 '가스형 행성(Gas Giants)', 천왕성과 해왕성은 '얼음형 행성(Ice Giants)'으로 불린답니다.

2 태양은 별이에요. 그리고 지구에서 가장 가까운 별이기도 하지요. 그래서 우리가 밤하늘에서 보는 다른 별들보다 훨씬 커 보이는 거예요.

3 우리 태양계는 '은하수(Milky Way Galaxy)' 안에 있어요. 과학자들은 '우리 은하' 안에 수십억 개의 다른 태양계가 있을 거라고 생각하지요. 그리고 우주에는 은하가 수십억 개나 존재한답니다!

4 태양은 태양계의 중심이에요. 태양은 엄청 크기 때문에 강한 중력을 가지고 있어요. 이 중력이 행성들을 태양 주위에 머물게 하지요. 만약 태양이 없었다면, 행성들은 우주로 흩어졌을 거예요!

5 태양과 화성 사이에는 수천 개의 '소행성(Asteroids)'이 떠다니고 있어요. 이 작은 암석 덩어리들은 '소행성대(Asteroid Belt)'를 형성하고 있지요. 하지만 크기가 너무 작아서 행성이 될 수는 없어요!

새로운 발견

75년 동안 과학자들은 명왕성을 태양계의 아홉 번째 행성이라고 생각했어요. 하지만 이제 명왕성은 **왜소행성** Dwarf Planet 중 하나로 분류된답니다. 군데군데 얼음으로 이루어진 명왕성은 지구에서 보이는 달보다도 작아요. 명왕성과 다른 행성들은 해왕성 너머의 카이퍼 벨트에서 발견되는데, 이들은 주로 해양성의 중력에 의해 움직이지요.

2016년, 과학자들은 태양계를 도는 **'제9행성** Planet 9**'**이 있을 가능성이 있다고 밝혔어요. 이 행성은 지구보다 10배나 크고, 명왕성보다 훨씬 멀리 있어요. 너무 멀리 떨어져 있기 때문에 이 행성이 태양 주위를 한 바퀴 도는 데는 1만~2만 년이나 걸릴 수도 있다고 해요!

지구가 특별한 이유!

크게 숨을 쉬어 보세요! 지구에는 '대기(공기층)'가 있어서 사람, 동물, 식물이 숨을 쉴 수 있어요. 공기는 또 태양이 뿜어내는 해로운 광선을 막아 주고, 지구의 온도를 유지하는 데 도움을 줍니다. 과학자들이 알고 있는 한, 지구는 많은 물을 가지고 있는 유일한 행성이에요. 지구 표면의 70%는 물로 덮여 있어요. 모든 생명체는 물이 없으면 살 수 없어요. 그래서 지구는 생명이 살기에 딱 좋은 곳이랍니다.

알아두면 좋은 단어들

대기 atmosphere	지구나 다른 행성을 둘러싸고 있는 공기층
은하 galaxy	수백만~수십억 개의 별이 모여 있는 거대한 우주의 가족!
공전 orbit	행성이 태양 주위를 도는 것처럼, 어떤 물체가 다른 물체 주위를 도는 것
행성 planet	별(태양) 주위를 도는 둥근 모양의 암석이나 가스로 이루어진 천체
우주 universe	끝없이 넓은 공간! 수많은 은하와 별, 행성들이 있는 거대한 세계!

태양은 태양계의 중심에서 스스로 빛과 열을 내는 거대한 항성이에요. 태양 주위에는 여덟 개의 행성이 일정한 궤도를 따라 공전하고 있어요.

이 가운데 수성과 금성은 지구보다 안쪽에서 태양 주위를 공전하고 있어서 내행성이라 하며, 화성, 목성, 토성, 천왕성, 해왕성은 지구보다 바깥쪽에서 태양 주위를 공전하고 있어서 외행성이라고 합니다.

수성Mercury
태양에 가장 가까운 작은 행성
이에요. 낮에는 너무 뜨겁고,
밤에는 얼어붙을 만큼 추워요.

지구Earth
우리가 사는 푸른 행성이
에요. 물과 공기가 있어서
생명체가 살 수 있어요.

금성Venus
하늘에서 가장 밝게 빛나
는 행성이라서 샛별이라
고도 불러요. 두꺼운 구름
속에 뜨거운 가스가 가득
차 있어요.

화성Mars
붉은 흙 때문에 붉은 행성이
라고 불러요. 지구인들이 옮
겨가 살 수 있는 유력한 행성
이어서, 과학자들이 열심히
연구하고 있어요.

내행성

**My Very Excellent Mother
Just Served Us Noodles!**

토성Saturn
아름다운 고리로 유명해
요. 고리는 돌과 얼음 조
각들로 이뤄졌어요.

해왕성Neptune
태양에서 가장 멀리 있는
행성이에요. 태풍보다 훨
씬 센 바람이 부는 아주
차가운 행성이에요.

목성Jupiter
태양계에서 가장 크고 힘센
행성이에요. 거대한 폭풍이
수백 년 동안 불고 있어요.

천왕성Uranus
푸른 빛을 띠고 있어요.
다른 행성과 다르게 옆으
로 누워서 자전해요.

외행성

IMAGINE

Ice Queen

Lexile 740L

눈과 얼음으로 뒤덮인 남극, 지구에서 가장 차가운 곳은 어떤 모습일까요? 누구보다 먼저 그 땅을 밟은 사람들의 이야기를 통해, 남극 탐험의 놀라운 역사를 만나 보세요.

Don't Blow Your Top

Lexile 650L

지구 안에서 들끓는 마그마는 어떻게 분출될까요? 화산의 구조부터 불의 고리까지, 지구의 뜨거운 힘을 생생하게 느껴 보세요.

빙하에서 우주까지,
마음껏 상상해 봐!

THAT

No Bones About It

Lexile 670L

공룡이 살던 시대의 땅을 밟은 한 어린이의 발견! 수천만 년 전 생명을 간직한 화석은 어떻게 발견되고 연구될까요? 상상과 과학이 만나는 흥미진진한 공룡 이야기입니다.

Star Light, Star Bright

Lexile 650L

밤하늘을 수놓는 별과 행성, 유성까지! 우리가 보는 별똥별의 정체는 무엇일까요? 우주를 이루는 천체들과 은하수의 비밀을 함께 탐험해요.

Ice Queen

illustrated by Jamie Meckel Tablason

Have you ever wondered what the coldest place on Earth is like? The coldest place on Earth is Antarctica, a large ice-covered continent at the southernmost point on the planet. It is believed that no person set foot in Antarctica until 1895. The first human-landing there is thought to be Henryk Bull, with a party from a whaling ship. In 1935 the first woman set foot there. Her name was Catherine Mikkelson, the wife of a Norwegian whaling captain. The South Pole was first reached by a Norwegian named Roald Amundsen in 1911.

Now turn the page, open your mind and imagine you're on a discovery to this icy land.

Words to Keep   p.39

calve	as a verb; when an iceberg breaks apart from a larger mass, such as an ice shelf, glacier, or iceberg.
crevasse	a deep open crack, as in a glacier or ice mass.

p.12-15

Clink! Clank! Clunk! Cool ice cubes dropped into Nora's cup. One by one, they stacked to the top.

"Watch out!" her father said. "Your drink will freeze. That should be plenty of ice."

"You can never have enough ice," Nora said with a smile. She loved cold things. Cold water, cold weather, even cold pizza!

"I wish I lived in an ice castle," she told her dad. "I'd crunch snow cones for breakfast and ice cream for dinner!"

"You have a cool imagination," Nora's dad said.

Nora stared at her ice cubes, dreaming of an icy home. "I'll carve a castle out of icebergs," she thought. Suddenly, a chill rushed to her toes. She snapped out of her daydream and into . . .

p.16-19

A frozen kingdom!

"It's c-c-cold out here!" she chattered. Nora looked at the miles of ice around her. "I must be in Antarctica! It's the coldest place on Earth!"

IT'S A FACT

IT'S A FACT

Research stations have recorded temperatures as low as -128° F (-90° C) in Antarctica.

She shivered. Nora wasn't dressed for the super-freezing temperature! But she didn't mind too much.

After all, she loved ice!

Nora looked all around. Sharp, tall mountains were covered in snow. Large ice formations made strange shapes. She saw ice caves and snow sheets. There were ripples across the snowy glacier.

Some parts of the ice and snow shined bright blue. "The ice looks like it's glowing!" Nora said out loud. She had never seen anything so cool before!

p.20-23

C-R-A-C-K! SPLASH! The loud noise disturbed her thoughts. Nora took a few steps towards

the sounds. The icy glacier
crunched beneath her feet.

IT'S A FACT

The frosty ground was filled with cracks.
Some cracks were small. Many were big.
Chunky ice water flowed between the **crevasses**.

Nora hopped over the cracks. She was careful
not to fall in the water.

Suddenly, she heard another strange sound. This time, it was a long, loud G-R-O-A-N.

"What was that?" she wondered as she made her way closer to the sounds.

Up ahead, she saw black specks in the white snow. "They must be rocks from the nearby mountains," she observed.

But as Nora walked closer, she got a big surprise.

p.24-27

Those black specks were penguins! Hundreds of them! The penguins waddled along the edge of the ice.

They buzzed and honked. They shivered and cuddled. Some of them slid into the water. Nora watched as one penguin jumped straight out of the sea and onto . . .

IT'S A FACT

Penguins hunt for food near icebergs. The melting fresh water beneath a glacier attracts fish and krill.

Icebergs move with ocean currents until they slam into land or shallow waters.

IT'S A FACT

"An iceberg!" Nora shouted. The giant ice mountain floated in the frigid sea. It towered

above the land. The penguins looked happy on
their frozen home.

"That massive iceberg would make a beautiful
castle," Nora thought as she eyed the ice.
She imagined how her ice castle would look.
Tall and pretty and dripping with icicles.

p.28-33

Another groan filled the air.

"It's not a polar bear," she said.
"They only live in the North Pole,
not here in the South Pole. And the
seals are barking, not groaning."

Where is that creaky moan
coming from? Nora searched
for a clue. She only saw ice,

IT'S A FACT

Scientists have recorded the noise icebergs make as they rub against land or glaciers.

snow-capped mountains, and a few very large icebergs. "That's it!" she remembered. "It must be the icebergs!"

IT'S A FACT

Nora could not see the other side of the iceberg—it was too big! But it looked like it slammed into the mountain.

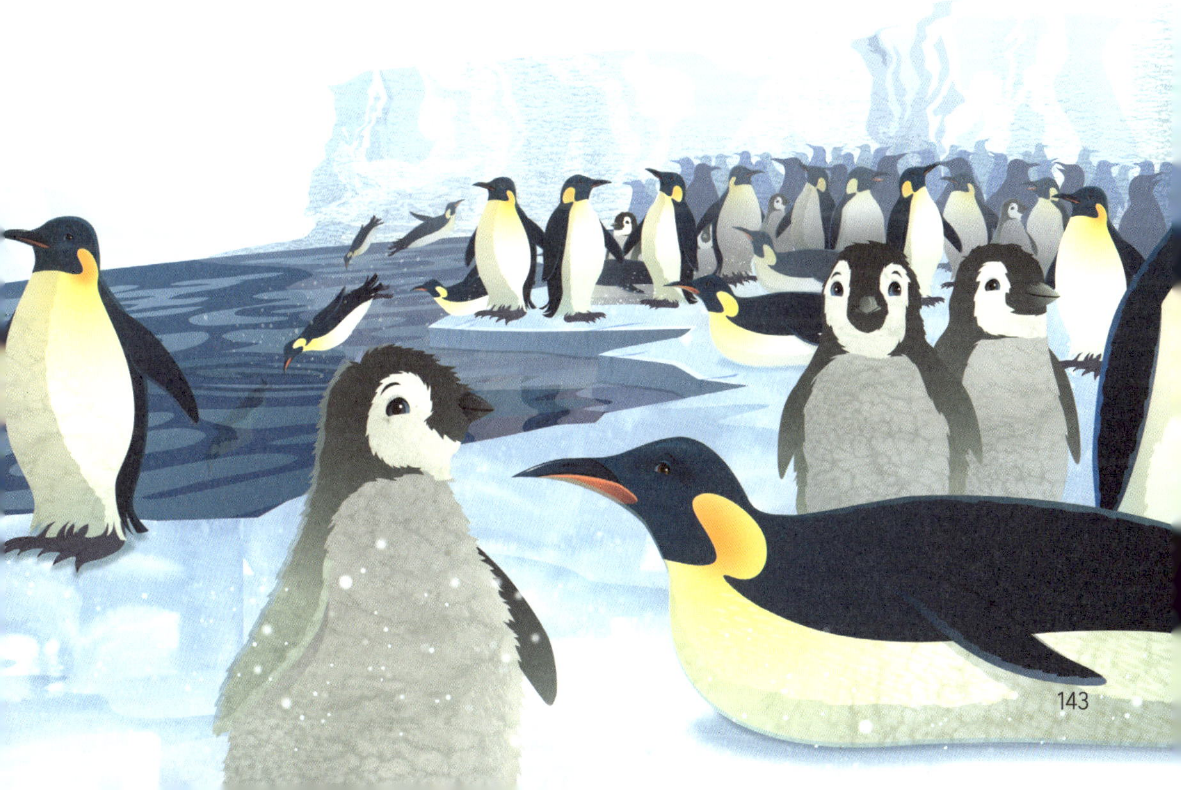

G-R-O-A-N! C-R-A-C-K! SPLASH! Nora watched a corner of the iceberg **calve**. It cracked apart and slapped into the sea. "A mini iceberg!" Nora told the penguins. They kept on honking.

IT'S A FACT ►

IT'S A FACT

Small icebergs less than 5 meters (16 ft) across are called growlers.

144

"Lucky birds!" Nora sighed. "They get to live in this icy world forever. It's my dream come true!"

IT'S A FACT

Penguins live only in the Southern Hemisphere, but as far north as the Galapagos Islands.

IT'S A FACT

"Nora? Nora!" She heard a familiar call. "Are you day-dreaming again?" She looked down at the puddle by her feet.

"The ice cubes melted as you let your imagination run wild," her dad explained.

"Oh, no!" Nora exclaimed. "That's just the tip of the iceberg!"

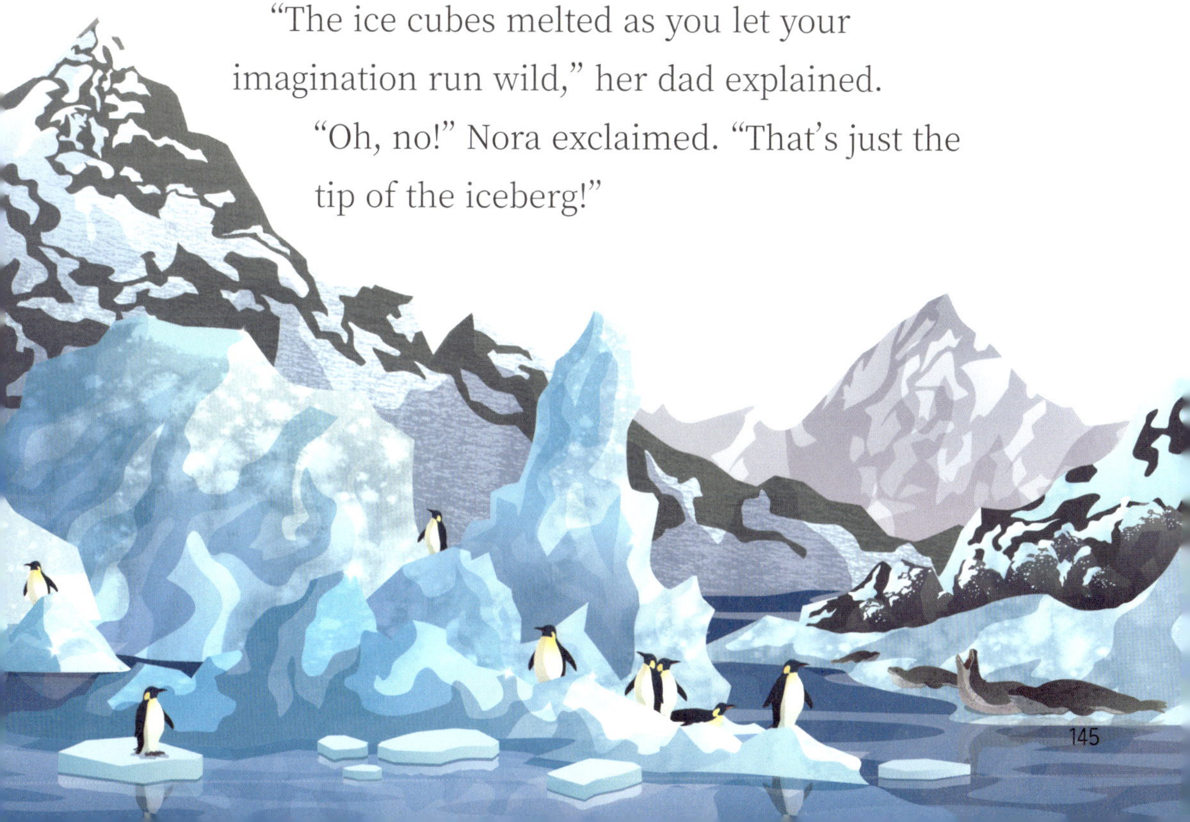

Don't Blow Your Top

A LOOK INSIDE VOLCANOES

illustrated by Elena Selivanova

화산이 폭발하는 순간

In 2010, a large volcano blasted in Iceland and the ash in the sky stopped airplanes from flying in Europe for weeks. In 2015, a different volcano began releasing hot fiery magma under an icecap. But this time, ash was limited. Eventually tourists were able to visit nearby to view the erupting volcano.

Hold on to your hat and let's imagine what it's like when these majestic mountains blow their tops!

Words to Keep p.69

fissure	a narrow opening or crack in Earth's rocky surface.
magma	hot, melted or molten rock.
mantle	the layer beneath Earth's crust.
pyroclastic	coming from volcanoes.
tectonic plates	slabs of continental or ocean crust that sit on the Earth's mantle

p.42-45

Kayla raced down the field. She dribbled the soccer ball around the other team. She set her sights on the goal. With one strong kick, the ball soared towards the net. The crowd cheered wildly!

Kayla had practiced all season long. She spent hours dribbling, kicking and running. She really wanted to score a goal for her team.

"Grrrr!" Kayla growled. "I should have scored that goal!" She threw her hands up in the air.

She kicked the ground. She stormed off the field. Kayla was really angry.

Her team tried to cheer her up, but Kayla wouldn't listen. She got angrier and angrier. She clenched her fists. Her face turned bright red.

p.46-49

"That's ok," her teammates said. "The game isn't over. We'll get another shot!"

"Calm down, Kayla," her coach said softly. "Take some deep breaths. Don't blow your top like a volcano!"

Kayla tried to relax. She breathed slowly and counted to 10 to calm down. With each breath, she imagined she was on top of a volcano.

"Look out!" Kayla heard someone say. It didn't sound like her coach. She looked around and

realized she wasn't on the soccer field anymore. She was on top of a mountain.

"It's going to blow its top!" the voice warned. A man with a yellow helmet and lots of ropes shook Kayla's hand.

"I'm Vin, a volcanologist. I study volcanoes like this one."

p.50-53

"That's a volcanic **fissure**," Vin explained. "And that red stuff is **magma**. It's rock that's been melted deep down in the earth. And now it's rising up to the surface."

"That's so cool!" Kayla said.

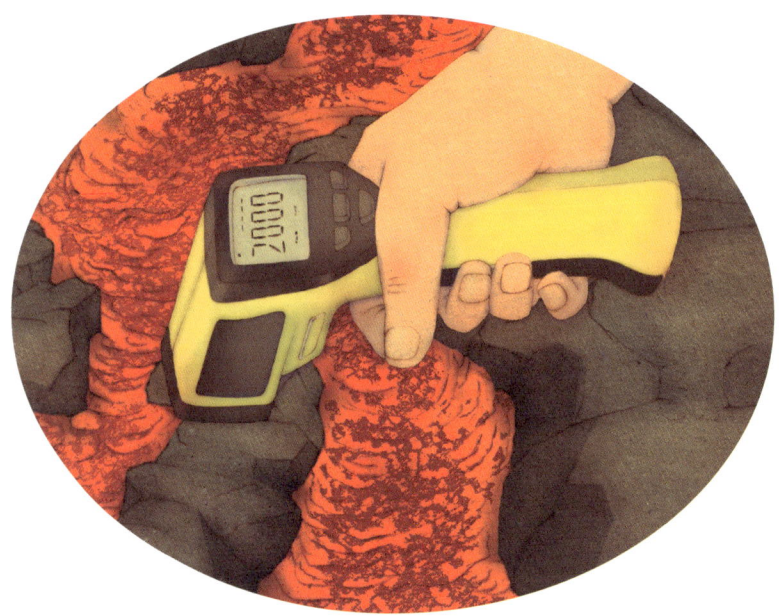

"Actually, it's so hot," Vin corrected. "Magma can be more than 2,000 degrees Fahrenheit (about 1,100 degrees Celsius). Don't get too close!"

"My coach says I blow my top like a volcano. Where's this volcano's top?" Kayla asked, looking around.

"We're standing on it," Vin said. "This is the summit crater. In just a few minutes, the bubbling magma will burst up from the magma chamber down below. All the pressure will throw the top of this crater into the air —along with red-hot magma."

Kayla's jaw dropped. "L-l-l-let's get out of here!" she exclaimed.

IT'S A FACT

IT'S A FACT

There are volcanoes on the oceans floors and under icecaps and glaciers, as in Iceland.

p.54-57

IT'S A FACT

Volcanoes act like giant safety valves on a pressure cooker. They release pressure from inside Earth.

IT'S A FACT

"Hold on tight!" Vin said, as he hooked her to his belt. The two rappelled down the mountain.

As they moved down the ropes, they heard a loud rumble. "That was not my stomach growling," Kayla said.

"That's the sound of rocks melting and moving inside the eruption column," Vin said. "The rocks and the magma are bubbling up to the top."

"It's a good thing we're heading down," Kayla

said, trembling. Suddenly, she heard a loud hiss. A blast of smoky steam burst out behind her.

"As magma moves towards the top, pressure builds inside the volcano. Hot gas escapes through cracks, or vents, in the mountain," Vin explained.

IT'S A FACT

Volcanic eruptions can send ash up to 17 miles (30 km) into the air!

IT'S A FACT

p.58-61

Finally, they reached the bottom. Kayla felt the ground tremble beneath her feet.

"Take cover!" Vin shouted. He and Kayla ran away from the mountain. A loud boom echoed through the air.

"It blew its top!" Kayla yelled. Suddenly, they were caught in a storm of rocks and fire! They

dodged **pyroclastic** rocks. They
swerved around flaming rain.

A red river streamed down the mountain. It
was creeping up behind them!

"A lava flow!" Vin called out. "Magma that

escapes from a volcano is called lava. Lava can flow quickly or slowly. Over time, it cools and hardens to form more land or another volcano. But that can take hundreds of years."

"I'm not going to stick around for that!" Kayla told him.

p.62-63

"Are you ready to get back in the game?" Kayla heard a familiar voice ask. She exhaled slowly and turned to face her coach.

"I'm ready!" she said. "And I promise I won't blow my top like a volcano — because THAT is very scary!"

Kayla high-fived her teammates and they ran to the soccer field. The crowd cheered — and Kayla knew this time she would keep her cool.

No Bones About It!
Discovering Dinosaurs

illustrated by Gideon Kendall

Have you ever seen an elephant in a zoo? You know they are very big and can weigh as much as a school bus! Millions of years ago there was a dinosaur on Earth called Brachiosaurus. One Brachiosaurus weighed as much as 17 elephants!

Can you imagine how big some dinosaurs must have been? Are you ready to explore a world where dinosaurs roam?

Words to Keep   p.99

carnivore	an animal that feeds on flesh or the meat of other animals.
fossils	remains of a prehistoric plant or animal preserved as a mold or cast in rock.
herbivore	an animal that feeds on plants.
paleontologist	a scientist who studies fossils of plants and animals.
prehistoric	the time before there were written records of events.

p.72-75

"Gather around," the museum guide told the class. "Don't worry, he won't bite!"

Lee and his friends laughed and stepped closer to the Argentinosaurus. The dinosaur towered over the group. Lee had never seen anything as big as this dinosaur before.

Lee stared at the dino's long neck. Its head nearly reached the ceiling!

"That must have been the biggest dinosaur ever!"

he exclaimed.

"It's the biggest dino ever found so far," the museum guide said. "Scientists figure out how big a dino was by looking at **fossils**. To estimate the size of this Argentinosaurus, scientists studied the size of its thigh bone and backbone."

p.76-79

"Where are dino fossils found?" Lee asked.

"Great question! Bones from this dino were found on a farm in Argentina in 2003. But fossils have been found in many places around the

IT'S A FACT

About 245 million years ago, all Earth's land was joined in one supercontinent (Pangea). Gradually over millions of years, Pangea broke apart and the smaller land masses drifted to their present locations. This may explain why fossils are found everywhere.

world," he said pointing to the map.

IT'S A FACT

Lee took a closer look at the map. He noticed that many fossils had been discovered near mountains. But how do fossils end up on a mountain, he wondered.

Suddenly, a hot, sticky breeze swirled by. In an instant, Lee was surrounded by a lush, green forest.

p.80-83

Ferns and bushes covered the ground. Plants as tall as trees towered over him.
They created shadows on the thick, dirt ground.

"That's strange," Lee said. "This plant's shadow is in the shape of a dinosaur!"

The shadow moved. It got closer and closer.

Lee felt the ground tremble.

"That shadow is not from a plant! It belongs to a d-d-d-dinosaur!" Lee couldn't believe his eyes! A group of dinos was heading in his direction.

p.84-87

The herd rambled closer. Bigger dinos led the pack. Smaller ones trailed behind. All of them left deep tracks in the moist soil.

IT'S A FACT
Some smaller dinos like Deinonychus moved and hunted in packs.

IT'S A FACT

Lee stared at the **prehistoric** creatures. Their skin looked thick and saggy, like an elephant's. Their necks stretched high and long, like a giraffe's. And four hefty legs held up their bulky bodies.

The herd happily plucked leaves from the trees and plants. "Phew!" Lee sighed.

"These **herbivores** won't eat me for lunch!"

IT'S A FACT

Lee explored the ancient world. He wondered why he didn't see many mountains, like on the museum map. But a few things looked familiar.

IT'S A FACT

Sauropods, or 4-footed reptiles, were early dinos with long necks to reach the foliage of tall trees. Sauropods roamed Earth for more than 140 million years!

The crocodile group of dinos included the Protosuchus who lived on land more than modern crocodiles.

IT'S A FACT

One of the earliest flying dinos, the Archaeopteryx, had a body covered in feathers. A wishbone made its chest stronger for flapping and flying, like today's birds.

A dinosaur that looked just like a big bird swooped to the lake to snag a fish. Two other dinos looked like crocodiles— but bigger.

"I think I'll stay away from those **carnivores**!" he said, backing away.

IT'S A FACT

p.88-91

Suddenly, a loud roar rang through the forest. The birds and small animals scattered to hide. The large herbivores stopped in their tracks. Even the croc dinos slinked away.

"Wh-Wh-What was that?" Lee trembled. The roar sounded angry, hungry—and very close. Could it be a . . .

"T-REX!" Lee shouted. The beast charged towards the lake, looking for a bite. Lee hid behind a boulder, with one of the world's strongest dinos standing just a few feet away.

IT'S A FACT

IT'S A FACT

One of the most-feared dinos ever was Tyrannosaurus, living 70 million years ago.
It was 40 feet long and 20 feet high weighing 7 tons. Its saw-like teeth were 6 inches long, to rip meat apart.

Suddenly, the ground shook. It rumbled and rocked. Earthquake! Trees collapsed. Rocks tumbled. No matter how hard it tried, the mighty dino couldn't escape the disaster.

p.92-95

Minutes later, the forest was silent. Mounds of dirt covered the dino tracks. The lake was half its size. The rest of it was filled up with mud. The creature-filled forest was now eerie and quiet. What happened to the dinosaurs?

Suddenly, a cool, wet breeze blew by. Lee opened his eyes back in the museum. "Earth is like a big layer cake," he heard the guide say.

"The bottom layer is made of older rocks and fossils. Over time, dirt and rocks covered that layer to form a newer one. As more time passed, the Earth changed again. There were big storms and volcanic eruptions."

"And earthquakes!" Lee added with a wink.

"That's right!" the guide said. "Shifts in the Earth's crust cause the land to change over time. What was once the ground can get pushed up to form mountains. That's why dino fossils can be buried deep in the Earth or found high on a mountain."

"And that's why dinosaurs are dynamite," Lee said. "No matter where you find them!"

Star Light, Star Bright

Exploring Our Solar System

illustrated by Dave Clegg

별빛 가득한 우주 여행

Have you ever laid on the ground at night looking up at the twinkling stars? Those stars are the millions of **planets**, moons, suns and space dust that make up the Milky Way **galaxy**.

Our solar system lives in this galaxy and we are viewing Earth's neighbors when we look at the night sky. Sometimes you might see a shooting star streak across the sky. This is usually a meteoroid — small rock or ice that enters the Earth's **atmosphere** and burns up. Imagine what it must be like to zip through space and look back to Earth where kids around the globe are gazing into the night sky.

Words to Keep p.129

atmosphere	the gases surrounding Earth or other planets.
galaxy	millions or billions of stars held together by gravitational attraction and pull.
orbit	to travel completely around something; such as a spacecraft around a planet, or a planet's trip around the sun.
planet	a ball-shaped lump of rock, gas and metal that revolves around a star
universe	all existing matter and space, made up of endless numbers of galaxies

p.102-105

It was a perfect summer night for a camp-out. Jackson was star-gazing with his best friend, Wyatt.

"Look, a shooting star!" Jackson said, pointing to the sky. A shiny streak raced above them.

"Quick!" Wyatt exclaimed. "Make a wish upon a star!"

The two friends squeezed their eyes tight. They wished their wildest wishes.

Max knew exactly what to wish for, too.

When Jackson and Wyatt opened their eyes,

they had a big surprise!

p.106-109

"Where on Earth are we?" Wyatt wondered.

It's a Fact

The Sun is the center of our solar system. The planets **orbit**, or circle, the sun.

"We're in space!" Jackson exclaimed.

"But . . . how did we get here?"

"Anything's possible when you wish upon a star!" Wyatt reminded his buddy.

It's a Fact

"The sun is a star, so make another wish!" Jackson said.

"I wish we could go planet-hopping!" Wyatt said.

Suddenly, their ship sped through space. It almost collided with a planet! "That's Mercury, the planet closest to the sun," Jackson said. "It's

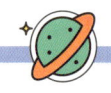

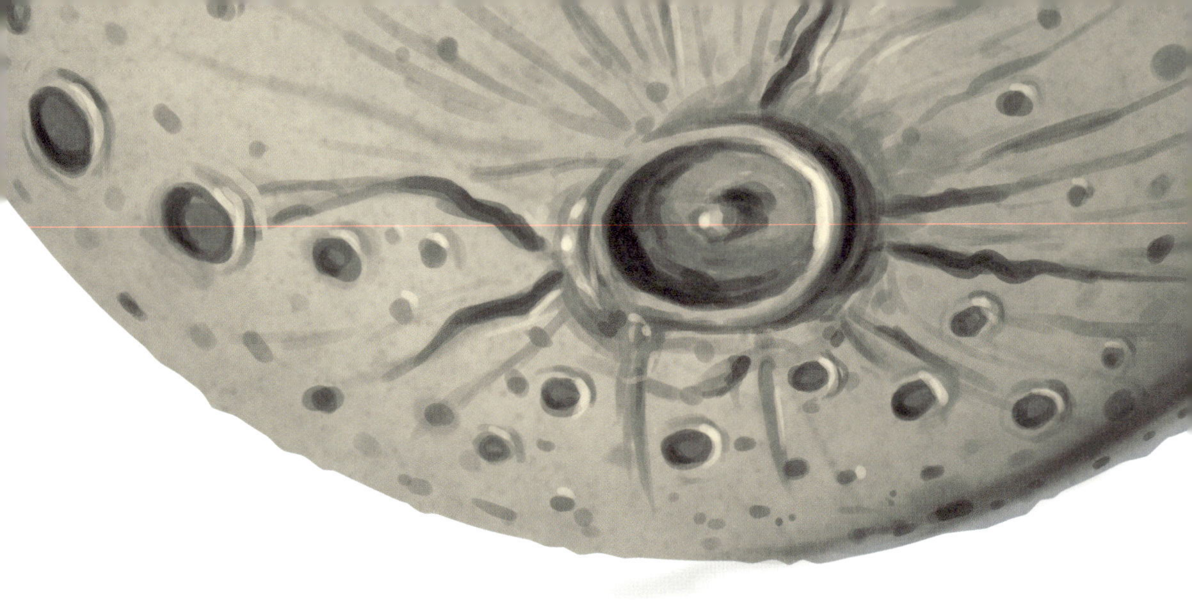

IT'S A FACT

Mercury travels around the sun in just 88 Earth days (1 Mercury year).

the first stop on our planet hop!"

IT'S A FACT

The friends stared at the rocky, gray surface. Steep, sharp cliffs rose up from the ground. They saw deep craters and dark ditches.

"Let's ditch Mercury," Jackson said. "Next stop: Venus!"

Wyatt steered ahead. "How do you know

where to go next?" he asked
Jackson.

p.110-113

"Just remember this: My Very
Excellent Mother Just Served Us
Noodles!" Jackson told Wyatt.

"Noodles?" Wyatt was confused. "What do
noodles have to do with planets?"

IT'S A FACT

IT'S A FACT

Venus is the hottest
planet. The temperature
reaches 800 to 900
degrees Fahrenheit —
nearly twice as hot as a
fire on Earth!

Jackson chuckled. "It's a trick to help you remember the order of the known planets. The first letter of every word begins with the first letter of a planet."

"Don't fly too close to Venus!" warned Jackson. "The thick clouds trap the sun's heat."

The space shuttle raced towards Earth. "Home sweet home!" Jackson cheered.

Max howled at a glowing sphere near Earth. "Max only howls at the moon," Wyatt said.

"So that must be it!"

As the boys got closer to the moon, they noticed lots of ditches and canyons on the powdery surface.

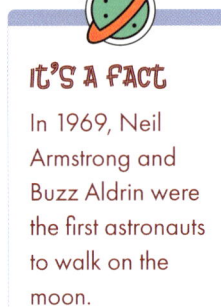

IT'S A FACT

In 1969, Neil Armstrong and Buzz Aldrin were the first astronauts to walk on the moon.

"Millions of years ago, meteors crashed into the moon and left their mark," Jackson explained. "There's no air or weather on the moon, so nothing ever changes here."

"You can still see the footprints of the first astronauts on the moon!" Wyatt added.

p.114-117

IT'S A FACT

"So based on our planet sentence, an M planet must be next."

The ship blasted through space for 140 million miles. Suddenly, a cinnamon-colored globe loomed

IT'S A FACT

Mars may be red in color due to iron-oxide "rusting" on its surface. In 2015, scientists discovered evidence of water on Mars.

ahead.

"Mars!" Wyatt shouted. "The fourth planet from the sun."

Rust-colored dirt and rocks covered Mars' surface. The boys noticed a giant mountain bigger than anything they had ever seen on Earth. It was Olympus Mons, the largest volcano in the solar system.

"Let's get out of here before it blows its top!" Wyatt urged.

IT'S A FACT

Next, the spaceship sped off towards Jupiter. A jumble of moons surrounded the fast-spinning giant. Wyatt and Jackson couldn't believe the planet's size!

They saw a huge red storm cloud swirl across

the planet. "That's the Great Red Spot," Jackson said. "It's a storm that has lasted for about 300 years."

IT'S A FACT

IT'S A FACT

Jupiter is so big, about 1,300 Earths could fit inside it.

p.118-121

"Good thing Earth storms don't last that long," Wyatt joked. "Now let's get to our next stop!"

Out the window, the boys saw total darkness. Jackson checked the odometer. It read 890,700,000 miles! That's how far away they were from the sun. No wonder it was so dark!

It's a Fact

"That is one cool planet!" Wyatt exclaimed, as he pointed to Saturn. He was right. Saturn's temperature is 320 degrees Fahrenheit below freezing. Saturn's rings are like giant ice blizzards.

"Let's land here," Wyatt said as he steered towards the rings.

"No way!" Jackson warned. "Saturn doesn't have a solid surface. If we tried to land, we would be sucked into the planet's core. Let's just

blast on to Uranus!"

IT'S A FACT

p.122-125

IT'S A FACT

The boys traveled deeper into space. "No wonder only one space probe has ever passed by Uranus," Jackson said. "This is really far out!"

It was getting late. The boys had only one more stop on their

IT'S A FACT

Cassini is the only spacecraft to orbit Saturn. Launched by NASA in 1997, it was still sending data in 2016.

IT'S A FACT

Voyager 2 is the only spacecraft ever to fly by Uranus, passing by in 1989 — 12 years after launch.

Why is Uranus blue? The gas methane surrounds the planet. When sun shines on methane it looks blue.

planet hop. Max couldn't wait to get home. He was getting hungry!

"Are we there yet?" Wyatt asked.

"Almost," Jackson said as he spotted another icy blue planet ahead. "Neptune is the eighth and final known planet in our solar system."

Suddenly, the spaceship rocked. It whooshed!

It spun! "Neptune's winds!" Wyatt exclaimed. "They're more than one thousand miles per hour!"

The wind whipped the ship through space like a Frisbee!

IT'S A FACT

In 2006, New Horizons was launched to explore Pluto and the Kuiper belt beyond Neptune. In 2015, the satellite sent images and data of Pluto. Today, scientists are still receiving data from the edges of our solar system!

p.126-127

THUMP! The boys looked around. They were in their backyard, wishing on a shooting star.

"That was out of this world!" Wyatt exclaimed.

"Mission accomplished!" Jackson cheered. "But I'm spacing out! Time for bed!"

Max agreed with a loud crunch, as he watched his friends drift off to sleep.

초딩 인생 처음
과학동화

초판 1쇄 발행 2026년 1월 5일

지은이 | 안나 프로코스
그림 | 제이미 메켈 타블라슨, 엘레나 셀리바노바, 기데온 켄달, 데이브 크레그
감수 | 박세훈

펴낸이 | 박선영
디자인 | 이다혜
교정교열 | 김수영
인쇄제작 | 신우인쇄

펴낸 곳 | 의미와 재미
출판신고 | 2019년 1월 30일 제2019-000034호
주소 | 서울시 서초구 방배천로 18길11, 106-1704
전화 | 02-6015-8381
팩스 | 02-6015-8380 / 0504-211-3521
이메일 | book@meannfun.com

ISBN 979-11-94128-04-5 73400